中学受験生に伝えたい勉強よりも大切な100の言葉

おおたとしまさ

小学館

勉強よりも
大切な
100の言葉

はじめに

週刊「ビッグコミックスピリッツ」で連載中の『二月の勝者』という中学受験漫画が面白いと教育関連企業のひとから聞いたとき、私はきっとデフォルメされた中学受験を描いたものか、あるいは極端な中学受験ノウハウを漫画化したものなのだろうと勝手に想像していました。しかし実際に読んでみると、「あれ？　これ、中学受験のすごく本質的なことが描かれている！」とびっくりしました。

漫画の中に、中学受験の現状を説明する基本情報はときどき出てきますが、いわゆる受験テクニックや合格ノウハウみたいなものはほとんど出てきません。中学受験という選択をした親子や、それに関わる主人公・新米塾講師の佐倉麻衣たちの葛藤が描かれています。

これまでの私の取材経験をもとに言わせてもらえば、中学受験をする親子には必ずそれぞれのドラマがあります。人間の成長ドラマです。子どもだけでなく、親も成長します。

形の上では、ハッピーエンドのドラマもあれば、ほろ苦いエンディングのドラマもあります。いずれにしても涙なしでは語れない壮絶なドラマです。平凡な中学受験などありません。

その意味で『二月の勝者』は、「桜花ゼミナール」という中学受験塾の教室を舞台に繰り広げられるいくつもの親子の成長ドラマを同時並行で描いた物語だといえます。登場人物にわが子や自分を重ねながら読む親御さんも多いのではないでしょうか。

そして、もう一人の主人公・カリスマ塾講師の黒木蔵人は、冷徹な合格請負人として登場します。

「君達が合格できたのは、父親の『経済力』そして、母親の『狂気』」

……などと、にべもないセリフを連発して、まわりをぎょっとさせます。

でも彼が子どもたちに向ける眼差しには何らかの「願い」を感じます。そんなに突き放したような言い方ばかりしないで、もうちょっと素直でわかりやすい温かみのある言葉を使えばいいのにとは思いますが、そこにも彼の思惑があるのでしょう。

引用シーン―― 第1集 第1講 「二月の挑戦」より

黒木の「願い」とは何か。

コミックの第４集までを読んだところでちょっとわかった気がしました。そして強く共感しました。そこで、彼が内に秘める「願い」をともに叶えるために親としてできることは何かを、100の言葉にしてみたものが本書です。

ただし、子どものやる気を高めて合格を引き寄せるコーチングのような言葉ではありません。桜花ゼミナールにわが子を通わせる親の気持ちになって、つまり漫画の中では描かれていないもう一人の登場人物になりきって、自分のセリフとしてこれらの言葉を読んでみてください。黒木の「願い」にだんだんシンクロできるのではないかと思います。

本書では、100の言葉にそれぞれ漫画のコマを対応させています。そのものズバリのシーンである場合も、「なぜこのシーン？」と思うところもあると思います。不思議に思う場合には、ぜひ該当のシーンの前後を実際に漫画で読み返してみてください。

中学受験に取り組む親子や中学受験関係者にとっては、必ずしも漫画を読まなくても、何かしら得られるものがあると思います。本書を読むことで、漫画を読んでいないひとでも『二月の勝者』の世界観を感じることができるとも思います。もちろん、漫画とあわせて読めば相乗効果が生まれて、漫画に対しても本書に対しても、より理解が深まることでしょう。

登場人物の名誉のために、一つ付け加えておきます。本書では漫画のシーンを恣意的に切り取って挿入しています。そのシーンだけで登場人物の人格を決め付けないでください。彼らは成長の途中にあるのですから。

最後に、もう一つお願いがあります。

本書の内容を鵜呑みにせず、必ず「自分ならどうするか」を考えながら読んでください。まったく同じ主旨のお願いが漫画の中にも出てくるので引用しておきます。授業見学を申し出た佐倉に対する黒木のセリフです。

「あくまで『見たものをどう活用するか』の判断は、『自分の頭で考える』これが見学の条件です」

ましてや、本書は中学受験生本人のための自己啓発本ではありません。子どもにそのまま渡して読ませるようなことはしないでください。「願い」は、必ず自分の言葉で伝えてください。

あくまで「見たものをどう活用するか」の判断は、
「自分の頭で考える」これが見学の条件です。

引用シーン—— 第６集 第51講 「九月の発心」より

目次

第1章　せこい点取り虫にならないで

けるよ。

第15講 どんな長い道のりも一歩一歩自分のペースで進めば必ず踏破できる。

第16講 ラストスパートは自分との戦い。それまでにしっかり足腰を鍛えておくと、最後の最後で踏ん張りがきく。

第17講 塾って、勉強ができる子がカッコいいと思われる場所だよね。

第18講 競争相手でありながら尊敬しあえる仲間でもある、塾の友達って貴重な存在。そういう友達がたくさんいる人生はきっと楽しいよ。

第19講 ただ1番になりたいだけのひとは、他人を蹴落とそうとする。自分を高めたいひとは、他人の努力を尊敬できる。あなたには後者になってほしい。

第20講 競争に勝つことよりも、たくさんのひとと手を結び合えることのほうが、人生においてはよっぽど大切。

第21講 塾の先生はわが家の中学受験の指揮監督。お父さんとお母さんはあなたのベストコンディションを保つマネージャーに徹するからね。

第22講 よその家ではお父さんやお母さんがつきっきりで勉強を教えているかもしれない。あなたは自分の力だけでがんばっているんだからもっと自信をもっていい。

第23講 お父さんやお母さんを喜ばせたいと思ってくれる気持ちはうれしい。でもいちばんうれしいのは、あなたが自分のために生きてくれることだよ。

第24講 中学受験をやりきったのなら、人生たいていのことはなんとかなると思ってもいい。

第25講 中学受験が終わったとき、仮に第一志望に合格できなくても笑っていられるとしたら、それってどういうときだろうね。

第2章　つらいのは一生懸命の証

第38講　大きな不安に襲われたら、数時間後あるいは数日後に、家族みんなが笑顔になっているところを想像してみて。

第39講　自分が緊張していると自覚できているなら、十分に客観的だということ。

第40講　ケアレスミスを恐れるのではなく、それ以上に実力を付けておけばいい。

第41講　怖いと思ったときこそ一歩前に出ろ。

第42講　一人では立ち向かえない恐怖もある。

第43講　悔しいときはとことん悔しがっていい。泣きたいときは思い切り泣いていい。がんばったという証拠だから。

第44講　人間には、つらさを分かち合えるひとが必要。

第45講　がんばったのに思ったような結果が出なくて苦しんでいるあなたを見るのはつらいけど、それを乗り越えるあなたを見るのは誇らしい。

第46講　テストの成績がいいというのはカッコいいけれど、もっとカッコいいのは努力を続けられること。それは人生最強の武器になる。

第47講　テストの結果よりあなたの努力のプロセスを見ているよ。

第48講　思いっきりがんばると、ふと「結果なんてもうどうでもいい」と思える瞬間がくる。

第49講　志望校合格を目標に勉強するわけだけど、中学受験で得られるものはそれだけじゃない。

第50講　お、いよいよ本当の中学受験生らしい目になってきたね。ついにわかったかな？　中学受験のラスボスは自分自身だよ。

第3章　学校選びで自分がわかる

第63講　その学校がどんな学校かなんて、本当は校長先生だってわかっていない。

第64講　「あれもやります、これもやります」というひとよりも、「これはやりません」ときっぱり言えるひとのほうが強い信念が感じられる。学校も同じ。

第65講　信念から発せられた言葉は、心にすっと入り込む。

第66講　一時のわくわく感よりも、ここにいる自分が好きという感覚のほうが、長い人生の中ではのちのち大きな意味をもつようになるものだよ。

第67講　偏差値にとらわれずに自分の感覚に従って学校を選べるあなたを誇りに思う。

第68講　努力して自分で選んだ学校に愛着が湧くのは当然だよね。

第69講　いろんな学校にそれぞれの良さがあることがわかるようになると、中学受験はますます楽しくなる。

第70講　ほかにも良さそうな学校を探しておくから、まかせといて。

第71講　どの学校も魅力的だよね。ぜんぶ受かっちゃったらどこに行くか迷っちゃうね。

第72講　どんな学校に行くことになっても、そこでしか見ることのできない景色を見て、そこでしか出会えなかったひとと出会うことになる。それが神様からの贈り物。

第73講　第二志望以下の学校に進むことになったとしても、堂々とその道を歩み、その環境を最大限に活かすことができれば、「自ら正解をつくり出す力」が身に付く。

第74講　第一志望の学校に行くことになったとしても、理想と現実のギャップに直面する。だから人生は面白い。

第75講　どんな学校に行ったってあなたならやっていける。

第4章　人生は後出しじゃんけん

第76講　大切な決断は自分自身でしなさい。他人に決めさせたら、いつか何かがうまくいかなくなったときに、他人のせいにしたくなっちゃうから。

第77講　大きな選択のときこそ直感って大事だよ。

第78講　楽しそうだと思える方向に進むことと、嫌なことから逃げることは違う。

第79講　自分ができると思っていることを「無理」だと言うひとがいても、それはまったく気にしなくていい。

第80講　「あなたのため」と、何かを押しつけてくるひとには気をつけなさい。

第81講　一度決めたことを貫くのも大事、途中で方針転換できることも大事。でもいちばん大事なのは、どちらにしても自分で決めること。

第82講　迷いが生じたら、肩の力を抜いて、お尻の穴をキュッと締めてごらん。自分がどの道を選ぶべきか自然にわかるから。

第83講　決断のあと、それを活かす努力をどれだけできるかでその決断の価値は変わる。つまり人生における「決断」の良し悪しは、決断したあとに決まる。

第84講　自分の人生のいかなることも他人のせいにはできない。それを受け入れられたとき、ひとは本当に自由になれる。

第85講　中学受験なんてそもそもやらなくていいことだし、たかだか12歳の受験で人生が決まるわけじゃない。それでもがんばること自体が尊いこと。

第86講　報われるとわかっていてやる努力はただの損得勘定。

第87講　「住めば都」と思えるひとは世界中どこへ行ってもやっていける。

第88講　不合格通知は、新しい可能性が開いた知らせ。

第89講　がんばったからといって報われるとは限らない中学受験に全力で立ち向かったチャレンジ精神は、結果がどうであれ、一生の財産になる。

第90講　私立の中高一貫校に通える状況にある子どもは実はものすごく少ない。その恵まれた環境から受けた恩恵を独り占めしてはいけない。

第91講　恵まれた環境に生まれたのなら、その恵まれた環境を最大限に活かして将来世の中の役に立つことが、恵まれたひとの使命だと思う。

第92講　あなた自身の努力がなければ合格はできなかった。でも一方で、あなたにはどうにもできない幸運が重ならなければやはり合格はなかったはずなんだ。

第93講　もう一度テストをすればおそらく数十人は合格が入れ替わる。

第94講　入試で不合格になったり仕事で失敗したりするのを自己責任と言うのは違うよね。

第95講　中学受験という経験を通して「自ら正解をつくり出す力」と「恵まれた者の使命」が備わったのなら、敵がいなくなるという意味で「無敵」になれる。

第96講　あとになって、「あのときもっとこうしていれば……」と思うことがあるのなら、それも中学受験という経験によって得られた宝物の一つだよ。

第97講　人生に無駄な時間なんてない。

第98講　人生は後出しじゃんけん上等。

第99講　せっかくの中学受験という機会を通して、いろいろ伝えてきたけれど、ピンとこなかったことも多いでしょう。でもきっと腑に落ちる日がくるよ。

第100講　（　　　　　　　　　　　　　　　　　　　　）

第1章　せこい点取り虫にならないで

勉強よりも大切な100の言葉

第1講

「中学受験生はかわいそう」というのは、余計なお世話だよね。

他に好きなことがある子ほど、受験をやめなくていいんですよ。

野球少年が歯を食いしばって練習する姿はすがすがしいといわれます。でも中学受験生が歯を食いしばって勉強する姿はかわいそうだといわれてしまいます。握っているものがバットなのか鉛筆なのかが違うだけなのに。たしかに過酷な努力を無理矢理押しつけられるのはかわいそうです。でもそれはスポーツや音楽の練習でも同じです。中学受験だけをかわいそうと決め付ける大人は、自分の勉強嫌いを勝手に子どもたちに投影しているだけではないでしょうか。

引用シーン—— 第1集 第6講 「三月の撤退」より

第2講

勉強がしんどくなる
こともあるよね。でもそれは
がんばっている証拠。

凡人
こそ、
中学受験を
すべき
なんです。

勉強をがんばっている子がつらそうに見えることがあるのは、勉強がつらいのではありません。自分の能力の限界までがんばっているからつらそうに見えるのです。それはスポーツでも音楽でも同じです。元メジャーリーガーのイチロー選手だって、小学生のころは友達と遊ぶのをがまんして、年間360日練習したそうです。つらい日がなかったわけがありません。何かに一生懸命になっているひとは必ずどこかのタイミングでしんどさを感じます。でもそれを乗り越えたときの達成感も格別です。その味を知っているひとは、さらに一生懸命がんばれるひとになります。

引用シーン―― 第１集 第２講 「二月の初陣」より

第3講

遊んでいる友達が
うらやましい？
でも彼らはキミのことを
うらやましいと思っているかもしれないよ。

中学とか
別に
どこでも…
てか　ほんとは
遊びたい。

自分が遊びたいのをがまんしているときに友達が遊んでいたら、うらやましいと思うのは当然です。でも一歩引いて考えてみると、本当は塾に行ってみたいのに家庭の事情でそんなこと選択肢としても考えられないという友達もいるかもしれません。ましてや自分が通う中学校を自分で選ぶことなど想像したこともない友達も大勢いるでしょう。さらに世界に目を向ければ、学校に通えない子どもたちがたくさんいるのが現実です。ひとより多く学ぶ機会を得られて、自分の努力次第で自分が進む道を選べる人生がどれほど得がたいものかを、この機会に伝えましょう。

引用シーン――　第5集　第38講「七月の孤立」より

第4講

中学受験しなくたって
どのみち勉強はしなくちゃいけない。

このあたりの
小学生がよく
集まる公園です。
どうです？
実際に
眺めてみて。

たしかに中学受験勉強は過酷になりやすい。でも中学受験をしないとなると、とたんに勉強の量と質が下がってしまう。いまの小学生は両極端です。もし中学受験用の模試の算数で、計算問題と一行問題だけでも8割がた正解できたら、中学、高校、大学へと続く学力の土台を築くという意味では十分です。逆に、仮に中学受験をしないと決めたとしても、小学校の勉強の総仕上げとして、それくらいはやっておいてほしい。どこまで追い込むかは別にして、「中学受験さえなければこんな勉強しなくていいのに」と思うのは間違いです。仮に中学受験を途中でやめると決断したとしても、それに準じた勉強は続けてほしいと思います。

引用シーン―― 第5集 第39講 「七月の現実」より

第5講

人間は目的があるから勉強するんじゃない。勉強は人間の本能だから。

「なぜ勉強しなくちゃいけないの？」は難しい問いです。たくさん勉強したひとほどこの問いに簡単には答えてくれません。勉強にはひとによっていろいろな意味や効果があることを身をもって知っているからです。でも一つ確かなことは、人間には知的欲求があるということです。勉強という行為も、呼吸したり、水を飲んだり、食べ物を食べたり、眠ったりするのと同じように、本能に直結した行為なのです。目的なんてなくても、人間は自然に勉強する生き物です。でも、ジャンクフードでも食欲を満たせてしまうのと同様に、学校の勉強の代わりにテレビを見たりゲームをやったりという形でも知的欲求は満たせてしまいます。ジャンクフードばかり食べていたらどうなるかわかりますよね。栄養バランスのとれた勉強として、やっぱり学校の勉強を主食にするべきなのです。

引用シーン―― 第２集 第10講 「三月のリセット」より

第6講

勉強はすればするほど目が良くなる。

勉強のできない人の気持ちが、
わからないいんですね…！

何らかの学問的な視点から物事を細かく見る目が「虫の目」、教科の枠組みを超えて全体を見渡す目が「鳥の目」、時代の流れや潮目の変化を感じる目が「魚の目」です。勉強すればするほど、これらの目が良くなり、世の中を正確に見ることができるようになります。それを「教養がある」といいます。だから勉強は、できなくてもいいけど、したほうがいいのです。

第7講

中学受験の勉強を通して身に付く**知識や考え方**で、実は大人になってから社会で直面する**ほとんどの問題に対処できる**ようになるんだよ。

テキストの中だけが
勉強ではない。
外の世界と
繋がりましょう。

中学受験勉強をがんばった子どもであれば、テレビのクイズ番組の教養問題はたいがい正解できるのではないかと思います。就職活動のときに受検することが多いSPIというテストの数学的分野の問題は、中学受験算数の一行問題にそっくりなので、算数が得意な中学受験生なら好成績がとれてしまいます。中学受験勉強の国語・算数・理科・社会にはそれくらいの情報量がつまっています。実は、中学受験勉強をしなくても、一般的な小学校の教科書を隅々まで読めば、世の中のことが一通りわかるようになっています。それらをしっかり頭にたたき込み、応用問題でも自由自在に活用できるようにするのが中学受験勉強です。いわば小学校課程の総仕上げです。ちなみに中高の6年間では再びそれを抽象的な次元で理解しなおすというのが、世界共通の教育のしくみです。

引用シーン―― 第3集 第27講「七月の問答」より

第8講

勉強の成果はいつどんな形で表れるかわからない。

今は力を溜めて
かがんでる状態だと
思ってください。
夏に頑張り切れた者には
大ジャンプの時が
必ず来ます。
いいですか、
夏の成果は
9月には
出ません！

あるひとは勉強して身に付けた知識と技能を利用してイノベーションを起こして大金持ちになるかもしれません。あるひとは勉強して身に付けた教養とコミュニケーション能力でたくさんの仲間をつくって社会を変革するかもしれません。またあるひとは、寝食を忘れて数学の世界にのめり込みその中に浸っているだけで一生幸せを感じられるかもしれません。勉強の成果は、すぐに表れることもあるし、数十年後に思いがけない形で表れることもあります。つまりその子が勉強して何を得るのかを予言することはできません。中学受験勉強には第一志望合格というわかりやすい目標がありますが、もし第一志望合格は実現しなくても、数十年後に思いもよらなかった形で中学受験勉強の成果が表れるということは、十分にあり得る話なのです。

引用シーン―― 第６集 第50講「九月の解答」より

第9講

中学受験勉強は
大食い競争じゃない。

現在の中学受験勉強は、与えられた課題をいかに早く大量にこなせるかの競争になっている面が否定できません。まるで大食い競争です。子ども一人では限界がありますから、まわりの大人があの手この手で少しでも多く食べさせるようにしむけます。でも食べさせすぎると吐いてしまったり、おなかを壊してしまったりします。ですから子どもががまんできるギリギリのところまでやらせる。まるで大人同士のチキンレースに子どもがかり出されている構図です。そんなレースの最中にいると、子ども自身もとにかく大量に食べることが偉いことだと勘違いしてしまいます。そのままでは人生の味わい方を知らないひとになってしまいます。そうならないように、しっかり味わいながら咀嚼して消化して自分の血や肉や骨にしようと、親子で常に確認しましょう。

引用シーン―― 第4集 第32講「七月の反駁」より

第10講

睡眠時間や食事の時間を削ってまでやらなきゃいけない勉強なんてこの世に存在しない。

人間はしっかり食べてしっかり寝たときにベストコンディションになります。そういう状態で勉強すればいちばん効率がいいし、そういう状態でテストを受ければいちばんいい点がとれます。だったら勉強よりも何よりも、ベストコンディションでいることを学ぶことがいちばん大切です。勉強はそのあとです。勉強に限らず、仕事でも人生全般においても大切な鉄則ですね。

引用シーン―― 第２集 第10講 「三月のリセット」より

第11講

受験で勝つことばかり考えていると、**せこい点取り虫**になってしまうことがある。そのまま大人になってしまうと**悲惨**だよ。

君達この先の
人生ずっと、
点数つけられて
生きてくんだよ。

子どもの頭が、テストで1点でもいい点をとることに最適化してしまうと、テストで1点でもいい点をとるひとが優れた人間だと考えるようになってしまいます。そのようなひとたちは他人と比較することでしか自分自身の価値を認められません。身近にもいませんか？　どうでもいいことでやたらとマウンティングをしてくるひとが。そういうひとは、プライドばっかりが高くって、実は自己肯定感が低いのです。そんなことでは、中学受験に〝成功〟しても、人生は〝大失敗〟です。棺桶に片足を突っ込んでから気づいても遅いのです。

引用シーン――　第５集　第38講　「七月の孤立」より

第12講

入試本番の問題をこっそり事前に見せてもらえるとしたら見たい？

でもそこで見ちゃったら、自分の努力を裏切ることになるよね。

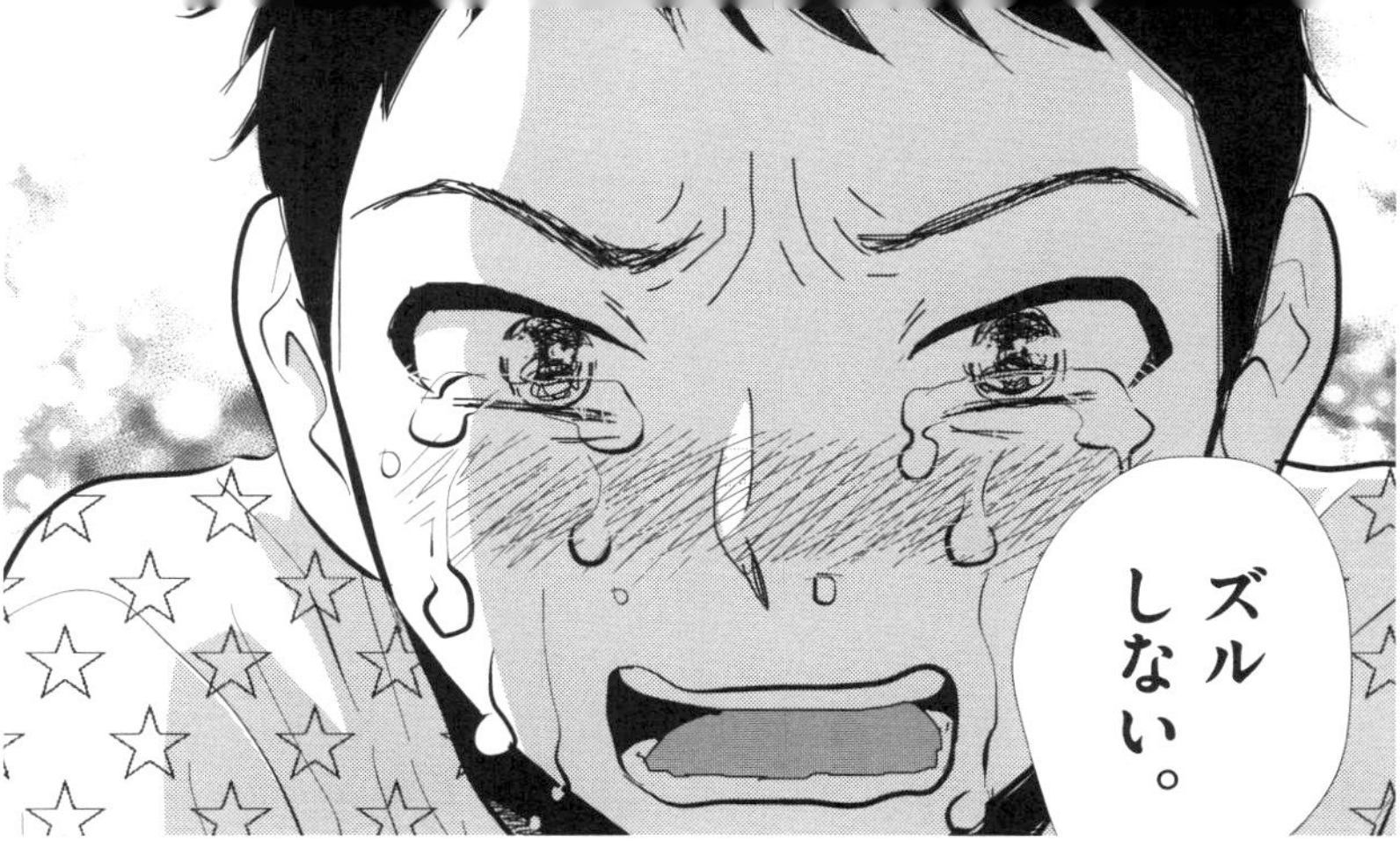

本来の学力では入れなかった学校に仮にズルをして合格しても、入学後に苦しむのは子ども自身です。またもし、合格するに十分な高い学力をすでにもっているのにズルをしたのなら、その合格が自分の努力の成果なのかズルのおかげなのかわからなくしてしまう意味で罪が重い。子どもはずっと後ろめたさを感じながらその学校に通わなければなりません。そんなの、不幸以外の何物でもありません。中学受験という機会に、ときどきそんな究極の選択を親子でシミュレーションしてみれば、人生には結果よりも大事なものがあるということに自然に気づけるのではないでしょうか。

引用シーン―― 第6集 第51講 「九月の発心」より

第13講

入試本番での唯一の味方はそれまで
がんばってきた自分。
そのときまでに
どれだけ頼もしい自分を
つくっておけるかの勝負だよ。

入試本番には誰もが不安になります。でもそのときに頼りになるのは、「自分はできる限りのことをやってきたんだ」という自信です。そこに自信がもてないと、不安に勝てません。早い段階からそのことをイメージできると、未来の自分のためにつらいところでのもうひと踏ん張りができる受験生になっていきます。またそういう未来志向の視点に立つことで、いまの自分と対話するだけでなく、未来の自分と対話できるひとに育ちます。「未来の自分がいまの自分を許せるか」という視点をもつということです。

第14講

とりあえず**毎週のゴール**を
目指して走り続ければ、
最後には**とてつもない距離**を
走ったことに気づけるよ。

俺達いつの間にか
それが当たり前な
気がしてるけどさ、
そもそも
「小学生が毎日
塾に来て座ってる」
こと自体が、
すごくね？
すごいんだよ！
だから、うちの塾に
来てる奴らは
一人残らず、すごい！

10〜12歳の子どもにとって、中学受験はゴールの見えないマラソンのようなものです。どれだけの距離をどれくらいのペースで走り続けなければいけないのか、見当もつきません。そこで「今日はあそこまで全力で走ってみよう」と短期的な目標設定をくり返し、最終的なゴールまで導くのが塾の先生の役割です。およそ3年間におよぶ中学受験生活を通して、最終的に子どもたちはとてつもない距離を走破します。

引用シーン―― 第5集 第38講「七月の孤立」より

第15講

どんな長い道のりも一歩一歩自分のペースで進めば必ず踏破できる。

別に。
なんともないもん。
今から飛ばしてると
二月まで
もたないぜ。

大学受験で「何が何でも○○大学に合格するぞ」と決めたのなら、浪人するという選択肢もありますが、中学受験には制限時間があります。「何が何でも○○中学に合格するぞ」と決めることは、制限時間内にそこまで到達しなければいけないという二重の目標を設定することを意味します。その目標と現実との乖離が大きいと、親は目標ばかりを見てしまい、目の前の子どもを見ることをおろそかにしてしまいがち。そこで発想の転換です。制限時間が決まっているのなら、せめて目標到達地点を可変にするのです。「3時間以内に42・195キロを走る」と決めるのではなく「3時間でどこまで走れるか」に挑戦するマラソンだと思えばいいのです。その場合、マイペースを保つことが結局は最も遠くまで行く手段であることは、大人であれば知っているはずです。

引用シーン—— 第2集 第12講 「三月の邂逅」より

第16講

ラストスパートは自分との戦い。
それまでにしっかり
足腰を鍛えておくと、
最後の最後で踏ん張りがきく。

毎年必ず出るじゃないですか。
ミラクル下克上系。

たいていどこの中学受験塾でも、6年生の夏くらいまでに一通りの単元を終えます。そこまでは塾の先生が単元ごとに目標を設定してくれて、その目標だけを見て努力を重ねていけばいいしくみでしたが、そこから先はいかに自分の意志でペースを上げていくかの勝負になります。いよいよ自分との戦いです。そのラストスパートで加速できれば大逆転も可能ですが、そこに至るまでの基礎トレーニングでサボっていると、ラストスパートで思ったように脚力が発揮できません。6年生前半までの地道な基礎トレーニングはそのときのためにあるのです。逆にいえば、しっかり基礎トレーニングを積んでおけば、すぐには成果が出なくても、ラストスパートで大逆転をする可能性が大きくなります。基礎トレーニングの時点ですぐに成果を求める必要はありません。

第17講

塾って、勉強ができる子がカッコいいと思われる場所だよね。

なんで「勉強ができる」って特技は、
「リレー選手になれた」とか「合唱コンクールでピアノ弾いた」とかと同じ感じで褒めてもらえないんだろうね？

足が速い子、絵がうまい子、歌が得意な子……。ひとにはそれぞれに得意なことがあります。でも不思議なことに、特に小学校において勉強という種目が得意な子は、ガリ勉というイメージをもたれて、ちょっと疎まれる風潮がいまだにあります。でも塾では、勉強が得意なことが率直に評価されます。勉強が得意な子がありのままで輝ける場所です。それで救われる子も少なくないはずです。ひとにはそれぞれの得意分野があって、それぞれが輝ける場所が社会のどこかにあることの大切さに、中学受験を通して気づいてもらえたら、うれしいですよね。

引用シーン―― 第2集 第12講 「三月の邂逅」より

第18講

競争相手でありながら
尊敬しあえる仲間でもある、
塾の友達って
貴重な存在。
そういう友達がたくさんいる人生は
きっと楽しいよ。

いわゆる「塾友」というのは考えてみると希有な存在です。同じ土俵で成績を競い合う競争相手でありながら、お互いの努力や苦労を知っていて尊敬しあえる仲間でもあります。それを本当の「ライバル」というのでしょう。まさに切磋琢磨できる関係です。そういうひとたちに囲まれているひとは自ずと磨かれ、輝きを増します。中学受験の機会を原体験として、長い人生においても自ら望んでそのような環境に身をおけるひとになれば、人生全体が輝きを増すことでしょう。

引用シーン―― 第５集 第44講 「八月の昇格」より

第19講

ただ1番になりたいだけのひとは、
他人を**蹴落とそうと**する。
自分を高めたいひとは、
他人の**努力を尊敬**できる。
あなたには後者になってほしい。

あたしより前に
誰かが
座ってるなんて
許さない。
絶対にトップ
獲ってやる…!!

クラスで1番を取りたいだけなら、最も効率的な方法は、クラスメイトの勉強の邪魔をすることです。でもそれで1番になったからといって何の意味があるのでしょうか。塾友同士で切磋琢磨するのは立派ですが、一方で友達よりも良い成績をとりたいと思うあまり、他人の不幸を喜ぶような様子が万が一あれば、危険信号です。そんな場合には、過度な競争意識をなだめすかしつつ、友達に勝つことを目的にするのではなく、お互いを高めあうことを目的にすべきだと伝えたいですね。逆に、他人の努力を認めそこから学べば、結果的に自分も高めることができます。

引用シーン―― 第2集 第10講 「三月のリセット」より

第20講

競争に勝つことよりも、
たくさんのひとと
手を結び合えることの
ほうが、人生においてはよっぽど大切。

競争に勝ったものだけが生き残る「バトルロワイヤル」のような社会では、結局誰も生き残れません。だってすべての戦いに勝ってたった一人生き残っても、結局のところひとは一人では生きていけないから。でもたくさんのひとと手を結び合っていれば、自分勝手に動けなくなるわずらわしさはありますが、一方で、たとえそのなかの誰かが不幸に見舞われても、助け合うことができて、結局みんなが生き残る確率は高まります。中学受験では競争の側面が強く打ち出されますが、それはある種のゲームのようなものです。中学受験に最適化するあまり人生そのものが競争だと子どもが思ってしまわないように気をつけなければいけません。

引用シーン―― 第6集 第54講「九月の訪校」より

第21講

塾の先生はわが家の
中学受験の指揮監督。
お父さんとお母さんは
あなたのベストコンディションを保つ
マネージャーに徹するからね。

塾の先生が指図することには基本的に何らかの意図があります。親の役割は、その意図を理解して、意図通りのパフォーマンスが発揮できるように子どものコンディションを整えることであり、プラスαの課題を与えることではありません。親が先生の意図と違うことをしていたら、子どもは簡単に故障してしまいます。

引用シーン―― 第6集 第52講 「九月の蒼白」より

第22講

よその家ではお父さんやお母さんが
つきっきりで勉強を教えているかもしれない。
あなたは自分の力だけで
がんばっているんだから
もっと自信をもっていい。

親がつきっきりで勉強を見ているご家庭もあるでしょう。中学受験専門の家庭教師をつけるケースも増えていますし、中学受験塾の課題をこなすための個別指導塾に通う受験生も多くいます。そんな状況下で、「自分でできる範囲でがんばりなさい」という中学受験は、競争という意味では圧倒的に不利です。でもその不利にもめげず、自分のベストを尽くしているならば、それだけで胸を張っていいことです。受け身でもいいから高い学力を身に付けさせ偏差値の高い学校に合格させる中学受験か、あくまでも自らの意志で身に付けた学力で勝負する中学受験か。どちらが子どもの人生のためになるかという選択です。

引用シーン―― 第５集 第41講 「八月の暴露」より

第23講

お父さんやお母さんを**喜ばせたい**と思ってくれる気持ちはうれしい。
でもいちばんうれしいのは、
あなたが**自分のために**
生きてくれることだよ。

そんなに
辛かったなんて
知らなかった…
順はずっと
成績も良くて、
勉強が好きなんだって
思ってたから…
順がいなく
なっちゃうほど
嫌だったなんて
気づけなかった。
謝るのはママのほう。
だから…

親は子どもが喜ぶ顔を見たい生き物ですが、それ以上に、子どもは親が喜ぶ顔を見たい生き物です。それゆえ特に中学受験という機会において、親を喜ばせたいあまり、まったくの無意識で自己犠牲を過学習してしまう子どももいます。相手の気持ちを勝手に慮り、自分の気持ちよりも優先してしまうというややこしいコミュニケーションパターンが体に染みついてしまうのです。そうなるとやっかいです。思春期以降、人間関係のトラブルが生じることもあります。いい成績をとったり、親が望む学校に進学したりすることよりも、あなた自身が自分の価値観に自信をもって堂々と生きていってくれることが、親にとってはいちばんうれしいことなのだと、心やさしい子どもにこそ伝えてあげてください。

引用シーン―― 第4集 第31講「七月の号泣」より

第24講

中学受験をやりきったのなら、人生たいていのことはなんとかなると思ってもいい。

フィリス女学館中学校
品山女子学園中等部
「お子さんには どんな大人になって 欲しいですか？」。

引用シーン―― 第３集 第24講 「五月の回答」より

どんな時代になっても生きていくために必要な力をまとめれば、⑴そこその知力・体力、⑵やり抜く力、⑶自分にはない能力をもつひととチームになる力です。中学受験勉強をやりきったのなら、偏差値に関係なく、それだけですでに生きていくうえで必要な知力と体力を十分に身につけていることは間違いありません。さらに結果がどうであれ、やり抜く力も保証済みです。近年、やり抜く力は「ＧＲＩＴ《グリット》」と呼ばれ、社会で成功を収めるうえでＩＱや偏差値よりも重要な要素だとされています。さらに、予測困難な時代を生きるうえで重要なのが、自分にはない才能をもっているひととチームになる力です。中学受験で培った知力・体力、ＧＲＩＴに加えて、中高の6年間で、自分にはない才能をもっている人とチームになる力を身につければ、鬼に金棒です。

第25講

中学受験が終わったとき、
仮に第一志望に合格できなくても
笑っていられるとしたら、
それってどういうときだろうね。

「12歳の春」を
笑顔で迎える
ために、

「中学受験の目的は？」とストレートに聞かれるとついつい「○○中学合格」などとわかりやすい答えを言いたくなってしまいますが、「仮に第一志望に合格できなくても笑っていられるとしたら……」と問われると、「自分たちは何をもって中学受験の成果や喜びとするのか」を自ずと考えることになります。まさに答えが一つではない問いです。中学受験をする意味は十人十色、誰かに決められることではなく、中学受験生の数だけあり、各々そのために努力をすればいいのです。誰もがうらやむような超有名校に合格したわけでもないし、第一志望に合格したわけでもないのに、中学受験を終えてすがすがしい顔で「中学受験をして良かった！」という親子がたくさんいます。中学受験という経験を通して、他人との勝ち負けや世間の評判とは違う次元にある喜びに気づけたひとたちです。

第2章　つらいのは一生懸命の証

第26講

みんながんばっているんだから
偏差値はなかなか上がらない。
偏差値を**維持できている**
だけでも**成長している**証拠。

夏以降は
6年前半と大きく違い
ほぼ全員が
頑張るようになるので、
個人の学力が
上がったところで、
全体の学力も上がる。
合格

中学受験勉強は年々過酷になってきています。それだけ、中学受験生みんなが壮絶な努力を続けているということ。猛スピードで展開するマラソンレースのようなものです。その中で順位を維持できているのだとしたら、それは自分自身も十分猛スピードで走っているということです。十分にほめられていいことです。そのうえで少しずつ順位を上げることを狙うなら、有効なのは、歯を食いしばってさらに限界に挑戦することよりも、むしろ同じペースを保ちながらできるだけ無駄な力を抜こうと考えることです。

第27講

いまは難しく感じても半年後くらいにはきっと楽に解けるようになっているから大丈夫。

「点が取れた！」という事実。
どんなご褒美よりも、これにかなう喜びと原動力はないんですよ。

難問を前にすると「こんな問題、解けるようになるわけないよ……」と絶望的な気分になることがあります。でも思い返してみると、算数の和差算にしたって、理科の滑車にしたって、最初は手も足も出なかった問題がいまでは楽に解けるようになっているはずなのです。いますぐにできるようにならなければと思うと焦りますが、たいていのことはいずれできるようになります。いまはできない自分と向き合うことは大切ですが、未来の自分に絶望すべきではありません。そう考えることで、継続する強さをもつ子が育ちます。

引用シーン―― 第3集 第19講「四月の成果」より

第28講

どんな点数であれ、
自分ががんばった結果なら、
それを堂々と掲げればいい。

やらなきゃできるようにならないのに精一杯がんばれないのは、がんばりが報われないことを恐れてしまう傾向が、子どもにはあるからです。そんなそぶりが見えたなら、「自分が精一杯やった結果なら、どんな結果であれ堂々と誇っていい」と伝えましょう。すべてを終えて堂々としていられる自分になることを目標にすれば、結果を恐れず、精一杯がんばれます。中学受験を通してそのすがすがしさを経験すれば、その後の人生においても、結果を恐れずに挑戦し、どんな自分であっても「これが自分だ！」と堂々と言えるひとに育つはずです。

引用シーン―― 第３集　第19講　「四月の成果」より

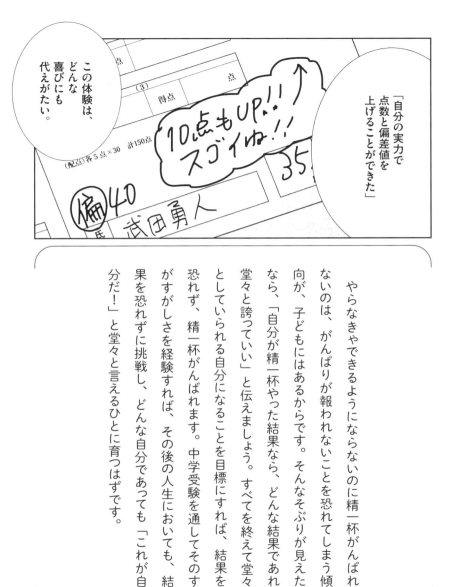

第29講

テストの結果が悪くて
悔しがるのも立派だし、
堂々としているのも立派。
いちばん良くないのは
結果から目をそらすこと。

その度に
自分の弱点・理解の穴に
直面し続けることは、
たかが小学生には
想像を絶するほどの
苦行。
自分の弱点に
ブチ当たるごとに
心が折れそうになる。

テストの結果が悪かったとき、子どもがどう反応するかをよく見ていなければいけません。悔しがるのは次への力となるでしょう。一方で、結果を受け入れいつもと変わらず堂々としているのも人間としての器の大きさを感じさせてくれて頼もしい。いちばん心配なのは言い訳ばかりして現実と向き合っていないときです。実際はそういうケースがいちばん多いでしょう。そしてそういうときの子どもは、つっぱっているように見えても実は現実から目を背けたいほどつらいのです。ですからこのフレーズは、悪い成績をとったそのときには言ってはいけません。普段から伝えておくべきことです。

引用シーン—— 第7集 第60講「九月の胎動」より

第30講

勉強が好きで得意な子が
どんどん勉強するのは当たり前。
そういうわけでもないのに
勉強を続けているんだから、
あなたはもっと偉い。

処理能力が違うの!!
えー!?
どんくさいから「真面目」でカバーしとんじゃ。

野球が好きで得意な子が一日中野球をしていてもへっちゃらなのは、ある意味当たり前です。同様に、勉強が好きで得意な子が、一日中勉強をしていてもへっちゃらなのも、ある意味当たり前です。〝スポーツエリート〟と同じように、彼らは勉強における〝エリート〟なのです。もちろん彼らも必死に努力をしているわけですが。でも、そこまででもない子どもが、ひとに自慢できるほどの成績がとれるわけでもないのに、それでもなんとか自分を奮い立たせて机に向かって鉛筆を握っているのだとしたら、それはそれで最大限の尊敬に値することではないでしょうか。「自分は勉強が苦手なんだ」と思わせてはいけませんから、伝え方のニュアンスはちょっと難しいですが。むしろ親が心に刻んでおくべきことかもしれません。

第31講

いくら塾の先生だって、
がんばっている生徒のことを
みんなの前でバカにしたり、
がんばらせるためにわざと
傷つけたりして
いいわけがない。

大内さ、よく男子がうるさいって先生に言いに来るけど、
自分もやってちゃダメだよな？
でも私、今のはホントに私からじゃなくて、
言い訳はナシだぞ！

怒鳴ったり恥をかかせたりすることで子どもの目の色を変えるという塾の先生がときどきいますが、それは動機付けとしては非常に未熟な手段です。パワハラ上司と同じです。子どもにだって人権があります。他人の前で恥をかかされたり、努力の結果をけなされたり、頭ごなしに怒鳴られたりしていいわけがありません。さらに、そうやって育てられた子ども自身が、他人に対しての人権意識が希薄なひとになってしまう危険性があるという意味で、二重に罪です。目先の成績は伸びたとしても人間教育としては最悪です。わが子が直接の被害者でなかったとしても、それが良くない行為であることは、少なくともわが子にはしっかり伝えるべきでしょう。行きすぎた指導に対しては、できることなら、人権擁護の観点から、一人の大人として塾に抗議したほうがいいと思います。

引用シーン―― 第7集 第57講 「九月の内紛」より

第32講

小3で塾に入ったときには
こんな問題ぜんぜん解けなかったでしょ。
それがいまではこんなに
できるようになった。
あなたのその成長がうれしい。

粘って頑張った
経験のある子は、
ちょっとした
ひと言が、
受験でも
強いですよ。
すっごく
嬉しかったんだ。

子どものやる気を維持するのにいちばんいいのは、当たり前にできていることを逐一指摘してあげることです。自分では忘れていたけれど、あれも当たり前にできているし、これも当たり前にできるようになっていたということに気づくと、改めて自信が湧いてきます。そして何より、どんなささいなことでも、お父さんやお母さんはちゃんと見ていてくれるんだという安心感が、子どもにとっては最大の励ましになります。

第33講

誘惑に負けそうになったときは、
誘惑に負けたあと
後悔している自分を
想像してごらん。
そんな自分に**なりたくない**という
気持ちが湧いてくるから。

自分にこう
言ってやりたい。
「あの時もっと
やっておけばよかった」
なんて受験、
絶対するなよ…！って。

誘惑を感じないひとなんていません。絶対に誘惑に負けないひともおそらくいません。では、目の前の誘惑に打ち勝つ確率が高いひととそうでないひとの違いは何か。目の前に誘惑があるときに、その誘惑に負けてしまったあとの自分がどういう状態になるかを一息おいて想像できるかどうかの違いだと思います。そのときの悔しさ、苦しさ、悲しさ、つらさをありありと実感を伴って想像できれば、自ずと誘惑から距離を置こうという気持ちが湧いてきます。誘惑に打ち勝つのではなく、自然に距離を置きたくなる感覚です。精神力よりも、想像力です。お父さん・お母さんが、食べ過ぎ、飲み過ぎを防ぐのにも有効なはず。あ、それから、勉強しない子どもについイラついて、叱りすぎてしまいそうなときにも。

引用シーン―― 第4集 第33講「七月の先輩」より

第34講

やる気になれないときは、自分を〝その気〟にさせることも大事。

ある程度
強制
しないと
やりません。
ほっといたら
自主的に勉強する子と
どんどん差が
つくばかり。
…
しかも、
そういうご家庭は
もれなく…

いくらでも時間があるのなら、やる気が湧いてくるまで待つのがいちばんですが、現実問題として中学受験勉強ではそうもいっていられません。カリキュラムは待ってくれませんから、乗り遅れないように、ときにはだましだましやることも必要です。だましだまし、自分を〝その気〟にさせるのです。たとえば「この問題を解き終えたらゲームをしよう」とか「なかなか進まなくてもいいから8時までは机に向かって、そのあとテレビを見よう」とか、自分で自分にニンジンをぶらさげるのも一つの方法です。そうやって自分をだまして一度やり始めると、不思議なことに、あとから本当にやる気が出てきます。「作業興奮」という脳の作用です。自分をだますテクニックをたくさんもっていると、ムラなくがんばれるようになります。

引用シーン―― 第4集 第35講 「七月の勧誘」より

第35講

どうしても意味を感じられない勉強なら、
やらなくてもいい。
「そんなことまでしないと合格できないのなら
不合格でいい」と思えるなら、
その感覚は**正しい**。

大量の課題をこなすスピードと忍耐力、そして与えられた課題に対して疑問を抱かない能力をもつ子どもが有利になるのがいまの中学受験のルールです。ちょっと行きすぎなような気がします。特に3つめの、与えられた課題に対して疑問を抱かない能力というのは、下手に身に付けてしまうと人生を生きるうえではむしろマイナスに作用するケースのほうが多い。与えられた課題に対して「こんなことをしなければ受からないような学校なら受からなくていいや」と思えるくらいに自分をもっている子どもは、中学受験勉強の競争においては不利にはなりますがその代わり、必ず自分にぴったりの学校に入ることができます。

引用シーン―― 第6集 第55講 「九月の三人」より

第36講

自分から勉強するのも主体性。
勉強しないと決めるのも
主体性。

「馬を、
水場に連れていくことはできても、水を飲ませることはできない」
…このままでは、

「主体性」は新学習指導要領でも重視される概念ですが、どうも大人の都合の良いように使われています。勉強を「やる！」と決めるのが主体性なら、「やらない！」と決めることも主体性。あるいはゲームを「やらない！」と決めるのが主体性なら、「やる！」と決めることも主体性であるはずです。それなのに大人が望むことを「やる！」と決めることだけが主体性だと思われがち。それでは、大人に忖度して大人の望むようなやる気を見せることには長けている学級委員長タイプのひとは育っても、本当の意味で自分の頭で考えて自分の意思で決めるひとには育たないでしょう。大人にとっては望ましくないことでも、子どもがしっかりと自分の意思をもって決めたことであればそれを尊重するのが、主体性を伸ばすためにまわりの大人ができることであるはずです。

引用シーン―― 第4集 第31講 「七月の号泣」より

第37講

いまはやりたくないんだね。
その気持ちと
しっかり向き合いなさい。

「勉強しなさい」

「○○しなきゃダメでしょ」

「どうして○○しないの」

等の言葉かけは、

「ご自身の不安」をお子さんにぶつけているだけ。

いつまでも口を出していたら「やらされている」という気分から抜けられない。

「この受験は親のものではない自分自身のものなのだ」と自覚させないと。


どうしても勉強をする気が起きないとき、やりたくないことから逃げているのではなくて、あえていまはやらないという選択をしているのだというポジティブなとらえ方をしたほうが、気持ちを切り替えやすくなります。あえて「いまはやらない」という主体性を認めるということです。

引用シーン―― 第５集　第42講　「八月の期限」より

第38講

大きな不安に襲われたら、
数時間後あるいは数日後に、
家族みんなが**笑顔**になって
いるところを**想像してみて。**

JG《女子学院》なんて
夢みて
バカだった…
あたしなんかが
受かりっこない
…!!

うまくやれるだろうかという不安がよぎると、萎縮して、本来のパフォーマンスを発揮しにくくなります。その不安を瞬時に弱めるためには、すべてが終わって笑顔になっている自分を想像することです。そのまわりに同じく笑顔の家族や仲間がいることを想像して、いっしょにニヤッと笑ってみることです。それだけで脳がだまされ、気持ちをポジティブに切り替えることができます。

引用シーン―― 第6集 第47講 「八月の内幕」より

第39講

自分が緊張していると自覚できているなら、十分に客観的だということ。

緊張しすぎたのか、
行きの電車で吐いちゃって、
体調戻らなくて保健室受験になったの。

緊張がそれほどでもなければラッキーです。それだけで有利だと思えばいい。もし緊張しているなと感じるならそれもラッキーです。まだ自分を客観的にとらえる冷静さがあるからです。もし自分が緊張しているなと思ったら、まわりの受験生を見てみましょう。みんなも緊張した表情をしているはずです。まわりを見渡す余裕があれば大丈夫です。

引用シーン―― 第1集 第1講 「二月の挑戦」より

第40講

ケアレスミスを恐れるのではなく、それ以上に実力を付けておけばいい。

ケアレスミスを恐れて気持ちがネガティブになればなるほどケアレスミスは増えます。それどころか、ケアレスミスに対する恐怖のせいで、本来の実力を発揮できなくなる可能性すらあります。ケアレスミスは、減らそうと思ってもなかなか減らせるものではありませんし、誰だって一定の割合でします。その意味では条件はみんないっしょですから、ケアレスミスをしたっていいんです。もし子どもがケアレスミスを恐れて萎縮しているようなら、ケアレスミスの分をカバーしてあまりある実力を付ければいいのだと教えてあげましょう。そう考えれば恐怖が和らいで、結果的にケアレスミスも減るはずです。

引用シーン——　第3集　第18講「三月の作戦」より

第41講

怖いと思ったときこそ一歩前に出ろ。

簡単なやつだけやって…めんどくさそうなやつは、
答え…うつしてた…

常に自分の限界に挑戦していると、「怖い」と思う瞬間が必ずあります。思った通りの成績がとれないかもしれないことが怖い、努力が報われないかもしれないことが怖い、自分に負けてしまうかもしれないのが怖い……。そんなときに「怖いからやめておこう」と一度後退りをしてしまうと、怖いと思うたびに後退りするしかなくなります。でも一度勇気をふりしぼって一歩前に出ると、見える景色が変わります。それって実は、自分の殻をまた一つ破ったってことなんですね。ひととして成長するってそういうことのくり返しなんだと、大人だってみんなそうしているんだと、教えてあげましょう。そうすれば、「怖い」と感じること自体を悪いことだと思わなくなるはずです。むしろ恐怖とは、成長の予兆なのです。

引用シーン―― 第６集 第51講 「九月の発心」より

第42講

一人では立ち向かえない恐怖もある。

恐怖はひとを萎縮させます。萎縮したひとは本来の実力を発揮できなくなります。恐怖に対処する方法は、自分が何を恐れているのかを明確にすること。子どもが何かに対して怖いと感じているとき、「心配しなくて大丈夫」などと気持ちを否定するのはNGです。まずは恐怖の気持ちを100％受け止め共感し、そのうえで何を恐れているのかをいっしょに言語化してあげてください。「テストそのものが怖いのではなく、テストで緊張するかもしれないのが怖いんだね」などというように。恐怖の対象を細分化し特定できれば、具体的な対処法が浮かび、恐怖はしぼんでいきます。

引用シーン―― 第１集 第１講 「二月の挑戦」より

第43講

悔しいときはとことん悔しがっていい。泣きたいときは思い切り泣いていい。がんばったという証拠だから。

感情を表に出すことは決して悪いことではありません。感情が揺れ動くのは、それだけがんばった証なのですから。悔しいときはとことん悔しがり、泣きたいときは思い切り泣く。どうせなら徹底的にその感情と向き合ったほうがいい。そうすると、次に自分が何をすべきかが自然にわかってきますし、そういう経験を積むことで、何より他人の気持ちのわかるひとに育っていきます。中学受験生としての生活では悔しいことも悲しいこともたくさん経験します。それを悪いことだと排除するのではなく、むしろ積極的に人生の学びの機会に変えましょう。

引用シーン―― 第７集 第58講 「九月の計略」より

第44講

人間には、つらさを分かち合えるひとが必要。

お母様にそんな弱い部分を出されているることにむしろ安心いたしました。
とても良い親子関係がなければできません。

どんなに優秀な子でも、中学受験勉強の過程においてつらさを感じないことはありません。ただし、それを乗り越えられるかどうかは、本人の意志の力だけの問題ではありません。がんばっている自分を見てくれているひとがいる、愚痴や弱音を聞いてくれるひとがいる、いざとなったら助けてくれるひとがいるという安心感が、つらさを乗り越えるための支えになるのです。逆に、つらそうだからといってすぐに手を出してしまうことは、「あなたにはそれを自分で解決する能力がない」というメッセージを伝えることになってしまいます。求められるまでは手を出さず、気持ちに寄り添うだけにしましょう。

引用シーン――第７集　第59講「九月の不安」より

第45講

がんばったのに思ったような結果が出なくて
苦しんでいるあなたを
見るのはつらいけど、
それを乗り越えるあなたを
見るのは誇らしい。

中学受験での「途中脱落」は…
受験生本人よりも、
親のほうが先に音を上げる。

わが子の努力が報われないのを見ることほど親としてつらいことはありません。悔しがっているわが子を見て、しばらく無力感にさいなまれます。でも、子どもは親が思う以上にたくましいので、必ず見事に乗り越えます。そのとき、「何もしてやれない……」という親の無力感が「うちの子はこんなに強かったんだ！」という子どもに対する尊敬に変わります。親としてそれ以上の喜びはありませんよね。自立へまた一歩前進です。ただし苦境を乗り越えたとき、子ども自身はそれに気づいていないことも多いので、あえて言葉にして伝えてあげましょう。せっかくの自立への道なのですから、「あなたは偉い」と上から目線で伝えるのではなくて、親が自分を主語にして気持ちを伝えるのがコツです。

引用シーン―― 第7集 第59講 「九月の不安」より

第46講

テストの成績がいいというのは
カッコいいけれど、
もっとカッコいいのは努力を
続けられること。
それは人生最強の武器になる。

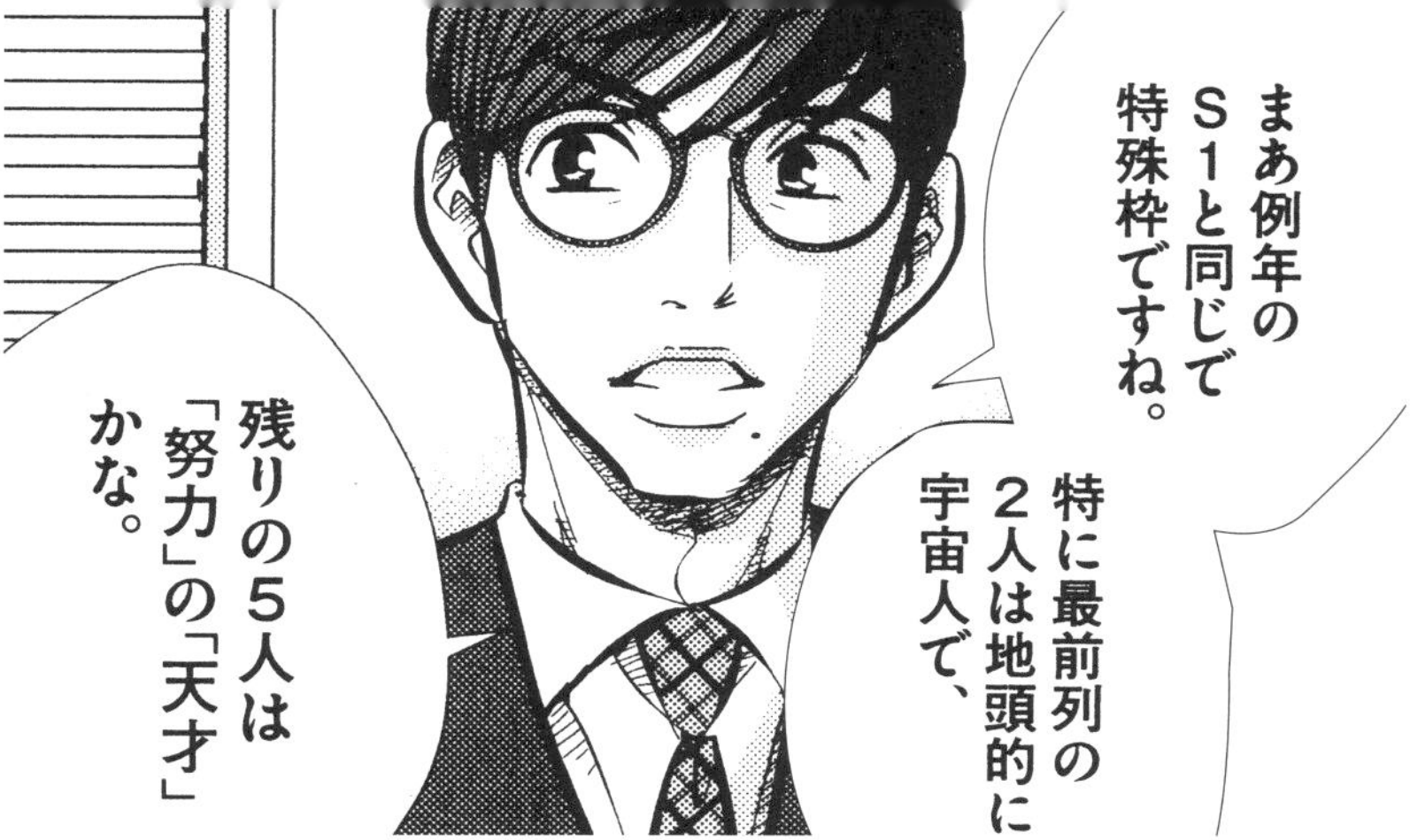
まあ例年の
S1と同じで
特殊枠ですね。
特に最前列の
2人は地頭的に
宇宙人で、
残りの5人は
「努力」の「天才」
かな。

結果がすべてだと思っていると、結果の出そうにないことにはチャレンジできないひとになってしまいます。結果が出せないかもしれないと思った瞬間あきらめるひとになってしまいます。それではこれからの先行き不透明な時代において、何も成し遂げられないでしょう。常に思い通りの結果が出るわけではありませんから。先行き不透明な時代に誰も見たことのなかったフロンティアを広げる可能性があるのは、結果がどうであれ努力を続けられるひとであるはずです。そう考えると、テストの成績はぼちぼちでも、それでも努力を続けられる子どもは、将来大いに期待がもてると思えるはずです。「小さいことを重ねることが、とんでもないところに行くただ一つの道だと感じている」とは、元メジャーリーガーのイチロー選手の言葉です。

引用シーン―― 第7集 第63講 「十月の岐路」より

第47講

テストの結果よりあなたの努力のプロセスを見ているよ。

毎回計算の小テストやってんだから、
ちゃんと計算の過程を見ていたら、もっと早く気づけたのに…！

ひとの人生の結果だけを見るということは、そのひとの年収や社会的地位や評判を見るということです。そのひと自身を見ていません。でも、ひとの人生のプロセスを見るということは、そのひとの生き方そのものを見るということです。自分の生き方そのものを見ていてくれるひとが近くにいれば、ひとは清く正しく美しく生きようという勇気が湧いてきます。そういう自分に近づこうとすること自体に喜びを感じられるようになります。結果ではなくプロセスを見てくれるひとが身近にいることは、人生を豊かにしてくれるのです。そういう経験が豊富なら、その子もきっと、他人のプロセスを見ることのできるひとに育ちます。

引用シーン―― 第４集 第34講 「七月の憧れ」より

第48講

思いっきりがんばると、ふと「結果なんてもうどうでもいい」と思える瞬間がくる。

ひとが後悔するのはたいてい、ほかでもない自分自身に負け、全力を出し切れなかったときです。勉強であれスポーツであれ、結果を潔く受け入れることができるのは、「やりきった」という思いがあるときです。中学受験という選択を通して「人事を尽くして天命を待つ」という境地に至れたら、それだけで人間としての大きな成長であり、その経験自体がその後の人生の財産になります。そして親も、子どもの努力がなんとか報われてほしいと切望する一方で、「この子が精一杯がんばって力を出し切れたなら結果なんてどうでもいい！」と心の底から思えるようになる不思議な体験をするはずです。

引用シーン―― 第６集 第48講 「八月の新人」より

第49講

志望校合格を目標に
勉強するわけだけど、
中学受験で得られるものは
それだけじゃない。

「本当の、本音の『第一志望校』を教えてください」
引用シーン―― 第２集 第９講 「三月の集合」より

人生に結果なんてない。あるのはプロセスの連続のみ。

そう考えると、人生の節目節目に設定される目標は、実は必ずしも達成されるためにあるのではないことに気づけます。達成された成果がそのひとの人生になるのではなく、その目標を達成するためにどんな道を歩んだのかが、そのひとの人生になるのです。

第50講

お、いよいよ本当の中学受験生らしい目になってきたね。ついにわかったかな？
中学受験のラスボスは自分自身だよ。

こうして少しずつかかるプレッシャーと戦いながら、
子ども達は少しずつ、着実に、
この夏、「受験生」になっていく。
baseball

中学受験生活を始めた当初は言われたことをとりあえずこなすだけでも御の字です。そのうち友達に負けたくない、もっと上のクラスに行きたいなどと、欲が出てくれば大したものです。でも最後の最後の〝ラスボスステージ〟は、自分自身との戦いです。そのとき、中学受験生は本当の中学受験生になるのです。いよいよ目の色が変わったと思ったら、それを本人に伝えてあげてください。闘志が湧いてきますから。ここまでくればもう親の出番は体調管理だけです。でも最初から自分自身がラスボスだとネタばらししちゃうのはナシで。目の色が変わったときに伝えるのが最も効果的です。

引用シーン—— 第５集 第37講 「七月の本気」より

第3章　学校選びで自分がわかる

第51講

東大に行くことがいちばん偉いなら、
高校なんて行かないで朝から晩まで
塾に行くのがいちばん効率がいい。
学校は**そんなことのために**
行くところじゃない。

私立中高の学費、六年間で500万円前後のお金をかけて、
手に入れたいのは学歴「だけ」ですか？

もし東大に入れることを至上命題として子どもの教育を考えるなら、最も〝効率〟がいい方法があります。中学にも高校にも通わせず、中1の時点から東大対策専門の塾にだけ通わせて、6年間そのための勉強ばかりすればいいのです。そうすればかなりの確率で東大あるいはいわゆる最難関といわれる大学に合格できるでしょう。それだけの6年間に耐えられればですけれど。そう考えると、難関大学合格者数で学校を選ぶことがいかにナンセンスかがわかるでしょう。だとすると、6年間朝から夕方まで毎日学校に通う意味は何か。もっと大きな意味を見出せなければ中学受験をする意味も見つかりません。

第52講

どんな学校に行っても、
あなたはあなたで変わらない。
ではあなたとは何か。
それが、どんな学校を
選ぶかに表れる。

たまたま
なんとなく見てた
テレビなのか
本なのか忘れたけど…
ねえママ
知ってる？
ざんねんな武将たち
制服がない
中学が
あるんだって！
受験して入る学校
なんだけど。
みんな自分の好きな
カッコしてるから
人と違ってもいろいろ
言われないんだって！

「いつか白馬の王子様に出会えるはず」と思うのと同じように「どこかに最高の学校があるはず」と思っている親御さんが多いように感じますが、いくら多感な中高時代をすごすといっても、学校が子どもの人格を設計し直してくれるわけではありません。学校は燻製機のようなものです。同じ燻製機に入れれば、似たような薫りがつきますが、ベーコンはベーコン、サーモンはサーモンであることに変わりはありません。学校選びで人生が変わってしまうなんてことは幻想です。むしろどんな薫りを放つ学校に吸い寄せられるかに、家庭の文化や教育方針、そしてその子の個性が表れるのです。つまり、学校選びは家庭の価値観のリトマス試験紙なのです。その結果を楽しむくらいの気持ちで学校選びができるといいですね。

引用シーン―― 第7集 第61講 「九月の落着」より

第53講

学校はコスパやスペックでは比べられない。

学校はパソコンや自動車とは違います。パンフレットで値段やスペックを見比べて甲乙つけられるものでもありません。こちらが選ばれる側でもあるという意味も含めて、学校選びはむしろ結婚相手を選ぶことに似ています。また、どんなに惚れ込んで入学した学校でも、入ってから必ずいまいちな部分を知ることになります。それも結婚に似ていますよね（笑）。自分にとって最高の学校に出会うコツは、どんな学校に行くことになってもその学校の良い部分をたくさん見つけようと思い続けることです。これも結婚と同じですね。

引用シーン―― 第３集 第24講 「五月の回答」より

第54講

偏差値は、ラーメン店の行列みたいなもの。

夢など関係ありません、
常に「偏差値の高い学校」を目指すべきです。
なぜですか?

偏差値一覧が示す各学校の偏差値は、その学校の入試でどれくらいの学力の受験生が合格しているのか、つまり入試の難易度を教えてくれるにすぎません。教育内容とは直接的には関係ありませんし、入学辞退者が多い場合には実際の入学者の学力とも乖離します。偏差値とは、いってみればラーメン店の行列のようなものです。テレビに出たり賞をとったりして注目されると行列ができて入店が難しくなりますが、それが自分の口に合うかどうかはわからない。行列はできていないけれどもっとおいしいラーメン店がすぐ近くにあるかもしれません。行列を見るとつい並びたくなるひとも多いのだと思いますが、学校選びではそのような態度はおすすめしません。

引用シーン—— 第３集 第23講 「五月の出会い」より

第55講

〝いい学校〟を出るとたしかに
それが社会で戦う〝鎧《よろい》〟の役割を
果たしてくれることはある。
でも**鎧が重すぎる**とそれが
あだになることもある。

トップランク大学を
目指す仲間のいる、
トップ中学を
目指すべきです。

いわゆる「学歴社会」の風潮は弱まりましたが、一方で〝学歴〟が鎧のように身を守ってくれる場面が完全になくなったわけでもありませんから、親がわが子にできるだけ上等な鎧を身に付けさせたいという気持ちにはまだ一理あります。でもわが子の安全を思うあまりに分厚く重い鎧を着せてしまうと、逆に身動きがとりづらくなり、機動力が落ちることがあります。変化が激しく臨機応変な方向転換が必要な時代には、それがあだとなることもある。「せっかく○○大学を出たのだから……」という理由で、その〝学歴〟だからこそ得られた選択肢の中からしか人生を選べなくなってしまうことがあるのです。それでも分厚い鎧を着るのなら、その分足腰をしっかりと鍛えておかなければいけません。効率一辺倒の受験勉強をしているだけでは重い鎧に耐えられる足腰は鍛えられません。

引用シーン――　第３集　第23講　「五月の出会い」より

第56講

どんな中学を出ようが、
そんなことは
一歩世界に出たら関係ない。

…フェニックスは、
あいかわらず上位校にのみこだわった指導をしてるようだけど、
それって12歳のその先の人生のことまで考えているのかな。
愚問ですよ。

第一志望だった学校に通うわが子が自分の学校ブランドを鼻にかけるようなことがあれば、「だからなんだ。そんなものは世界に出たら何の役にも立たない」と言ってやるのが親の役割でしょう。それでこそ子どもは、親が自分自身を見ていてくれていることに安心し、同時に人間を肩書きで見てはいけないことを学びます。でも、親が子どもの通う学校を自慢していると、子どもは、自分からその学校の生徒であるという事実をとってしまったら自分にどんな価値が残るのかがわからず、常に不安です。だからますます学校名にすがり、鼻にかけるようになります。中学受験でも大学受験でも親の望み通りの第一志望に合格してしまうと、その不安から抜け出せないまま大人になり、肩書きを気にする生き方から抜け出せなくなってしまう危険性があります。

引用シーン―― 第2集 第12講 「三月の邂逅」より

第57講

これからは**地球の裏側**に行っても
通用するひとにならなきゃと言いながら、
狭い地域の中でどの学校に行くかで
人生が決まるように
言うのはおかしいよね。

この少子化の最中「生き残っている」こと自体が既に魅力的ですよね。

「絶対に○○中学に合格するんだ」という意気込みで中学受験勉強をすることはすばらしいことです。一方で、これからのグローバルな世の中では地球の裏側に行っても通用するひとにならなければならないといわれているというのに、たかだか通学可能圏内にあるいずれにしても恵まれた学校のなかで、○○中学ならいいけれど△△中学ではダメだという思考になってしまうようでは先が思いやられます。

引用シーン―― 第5集 第43講「八月の相談」より

第58講

偏差値の高い低いとか、
そんなことで友達を
評価してはいけない。
それはそのひとの本質ではないから。

「偏差値60以下の学校なんて学校じゃない」
「そんなとこ目指してる奴らなんてまじゴミ」

中学受験生として生きていると、どうしてもテストの点や偏差値が過剰に大きな価値をもってしまいます。偏差値や合格した学校のランクでひとの価値を決め付けるようなひとになってしまうと、将来は出身大学や勤め先や肩書きや年収でひとの価値を決め付けるひとになってしまうかもしれません。でもそれは、自分自身の価値も出身大学や勤め先や肩書きや年収でしか表現できないひとになってしまうということです。それだけは避けたい。

そのために親は、このフレーズをただ口で言うよりもまず、自分自身が出身大学や勤め先や肩書きや年収で他人を評価していないか、胸に手を当てて考えてみなければいけません。

第59講

偏差値で学校や人間の価値を
判断するような
浅ましい人間に
ならないために、
いまキミは勉強しているんだよ。

当塾は災害時の避難経路までも、
成績の良い順に優遇してございます。
灰谷 純
PHOENIX

ひとは、勉強すればするほど自分の無知に気づきますし、世の中には理屈で割り切れないことのほうが圧倒的に多いことがわかります。勉強すればするほど謙虚になり、自分には見えていないかもしれないものに対する畏怖の念が大きくなるものです。ですから、勉強すればするほど、テストの点数や偏差値にさほどの意味がないことに気づくのが当然なのです。しかし〝勝ち組〟になるための手段としてのみ勉強をとらえると、勉強の成果である偏差値で学校や人間を序列化する癖が体に染みついてしまいます。

引用シーン―― 第２集 第８講「三月の転機」より

第60講

「すべりどめ」とか
「おためし受験」とか
便宜上いうけれど、その学校を
本気で受けるひともいるということは
絶対忘れちゃダメだよ。

併願戦略を練るうえでは便宜上「ここは『すべりどめ』として受けておこう」とか「本番前の『おためし受験』としてここを受けよう」などという表現をどうしても使うことになりますが、もし子どもが、そこに通っている生徒やそこに本気で行きたいと思っている受験生を見下すようなそぶりを見せたら、「それは違う!」と短くピシャッと釘をさしておきましょう。小学生ですからそういう未熟さを出してしまうことは当然あります。だからこそ「偏差値で学校やそこに通うひとの価値を決め付けるのは間違いだ」としっかり伝える機会に転じるのです。

引用シーン―― 第6集 第54講「九月の訪校」より

第61講

行くつもりのない学校の合格を
コレクションするようなひとにはならないで。
そこに**真剣に入りたい**と
思って受験するひとがいるのだから。

今年も「開成受験ツアー」やるの？
ハイ、ネズミーランド観光をセットにした受験ツアーやりますよ。
おそらく今年も灘合格の手練れが遠征しますんでご覚悟を！
開成受験後に
テーマパーク

すでに第一志望合格を決めているのに、ほかの有名中学の合格通知をもらうためだけに受験を続けるひとたちがいます。その学校を第一志望として真剣に取り組む受験生たちに交じって不要な合格を得たところで、それをどうしようというのでしょうか。あとで自慢でもしたいのでしょうか……。他人の気持ちがわかるひとになってほしいなら、受験を辞退させるのが親の役割でしょう。それでも本人が受けたいと言うのなら、なぜなのか、その子に何が足りていないのか、親子でじっくり話し合う必要があります。生きるうえで何より大切なことを伝える千載一遇のチャンスです。

引用シーン—— 第6集 第53講 「九月の懐柔」より

第62講

入試問題は学校からのラブレター。

基礎をしっかりやってきたかどうかを見る、至ってシンプルな試験かと思います。なので、
今からでも基礎をしっかりと、
秋以降には過去問を解いて解説を行うイベントがありますので是非ご参加ください。
それと…
ええっ!?

一般的な模試の偏差値は、できるだけ癖をなくした標準的なテストの成績で決まります。でも実際の入試では、特に難関校ほど個性的な問題が出されます。標準的な問題で高い偏差値をとっていた子どもが必ずしも難関校の癖のある問題で高得点がとれるとは限りませんし、その逆もあります。つまり相性がものをいう。もちろん偏差値は無視できませんが、過去問を解いてみて「この学校の問題は楽しい」と思えるのなら脈アリです。偏差値が多少足りなくても合格できる可能性が高まります。そしてそういう学校は、その子にとって快適な学校である可能性も高い。なぜなら入試問題は「こんな問題を楽しいと思ってくれる子どもに来てほしい」というメッセージが込められたラブレターだからです。

引用シーン―― 第6集 第55講 「九月の三人」より

第63講

その学校がどんな学校かなんて、本当は校長先生だってわかっていない。

主要5教科の
授業時間が
28時間。
学習を確実に
定着させるための
放課後自学支援も
行っており、

「○○中学って本当はどんな学校ですか？」と聞かれることがありますが、本当に困るのです。たとえば母校の思い出なら語ることはできますが、それとてその100年以上の歴史がある学校を説明する材料としては偏りすぎています。おそらく何十年とその学校の教壇に立つ先生でも、校長先生だって、その学校をひと言で説明しろと言われたら困るはずです。ましてや数年通っただけの現役の生徒に、自分たちがそこで何を得ているのかなんて、わかるはずもありません。それがわかるようになるのは卒業して数十年後なのです。つまりそれぞれの学校がどんな学校かを全体として理解することは原理的に不可能です。学校選びでできるのは、それぞれの学校の教育理念に親子で共感できる価値観を見出すことだけです。

引用シーン――　第6集　第49講「九月の結果」より

第64講

「あれもやります、これもやります」と
いうひとよりも、
「これはやりません」と
きっぱり言えるひとのほうが
強い信念が感じられる。学校も同じ。

はい、長期休みの補講は無料です。
希望者は全員参加できます。
成績不振の場合は必ず参加です。
補講の日数は…
部活は週に4日。
いじめはですね…やはり全く言えないの
女子中学…
高校…
カウン常勤でいつでもちろ…
学校帰りの寄り道は基本禁止ですが習い事の場合…
成長期はやはり体の変化についていけなくて保健利用も増えますそこはもちろん…

「既存事業の利益拡大に全力！　新規事業の黒字化にも全力！　将来の主力商品の開発にも全力！」と言っちゃうような経営者はおそらく信用されませんよね。学校も同じです。学校が組織である以上、マンパワーも予算も時間も有限です。それをどのように配分するのかを真剣に考え抜いている正直な学校ほど、「これはやりません。これはできません。その代わり……」と言うものです。「あれもやります。これもやります」という聞こえの良いことばかり言う学校はまゆつばです。中学受験という機会を通して、学校を見る目を養いつつ、ひとを見る目も養えたら、一石二鳥ですね。

第65講

信念から発せられた言葉は、心にすっと入り込む。

思いやりのある子に育てたい？
競争に勝てるタフな子に育てたい？
ビブリオバト
リーダータイプ？
フォロワータイプ？
勉強だけ？
部活も？
他の体験は？

語られた内容の良し悪しは別にして、考え抜かれた信念に裏打ちされた言葉は、光線のように心に突き刺さります。同様に、迷いも含めて真摯に伝えようとする言葉は、じんわりと心に届きます。いずれも、幾度もの思考や葛藤を重ねて研ぎ澄まされた自分の言葉になっているからです。でもどこかから借りてきた言葉をいくら大声で話しても、いくらプレゼンテーションテクニックを駆使しても、聞いているひとの心には届きません。学校や塾の説明会では、話者の目を見て、話が心にすっと入ってくるかどうかを確かめましょう。数字や文字はあとで確認すればいいのです。

引用シーン―― 第3集 第24講 「五月の回答」より

第66講

一時のわくわく感よりも、
ここにいる自分が好き
という感覚のほうが、長い人生のなかでは
のちのち**大きな意味**をもつように
なるものだよ。

惜しかったね～
そこの学校にいる
我が子を想像して、
しっくりするか。
残念賞
どーぞー
ENGAKU

学校選びのコツはたった一つ。「考えるな、感じろ」です。つまり理屈ではない。ただし、遊園地のアトラクションのような瞬間的な楽しさを感じることとは違います。自分の心が安寧を得られる場所を選ぶべきです。たとえば初対面なのに次から次へと面白い話をしてくれるひとといっしょにいると、最初は楽しいですが長時間いると疲れます。楽しませる側と楽しませてもらう側という構造に飽きてしまうのです。一方、とつとつと話をしているだけなのに、なぜかこのひとといると落ち着くとか、このひとといっしょにいる自分が好きだとか、そう思える相手とは、長い時間いっしょにいられますよね。むしろ時間がたつほど、そのひとが自分にとって大切な存在であるという感覚が強まります。波長が共鳴するのです。学校も同じです。そこにいてしっくりくるかどうかが重要です。

引用シーン―― 第6集 第54講 「九月の訪校」より

第67講

偏差値にとらわれずに
自分の感覚に従って
学校を選べるあなたを
誇りに思う。

自分の偏差値よりも低い学校を志望する中学受験生がいます。二つの中学校に合格して、偏差値的には低いほうに進学したいという中学受験生もいます。偏差値で学校の価値を判断することに慣れてしまっている大人はつい「もったいない」と感じてしまうこともあるのですが、むしろその子は12歳にして自分の価値観で自分の歩む道を選ぶ強さをもっているのです。自分自身の心が指し示すコンパスに忠実である限り、ひとが自分の道を踏み外すことはありません。仮に多少遠回りをすることになったとしても、すべての道のりがそのひとの人生の彩りになります。大人の偏った価値観でその道を閉ざしてはいけません。世間の評価に振り回される大人こそ、その子の爪の垢を煎じて飲むべきです。

引用シーン—— 第１集 第１講 「二月の挑戦」より

第68講

努力して自分で選んだ学校に愛着が湧くのは当然だよね。

親がいくら
気に入ったって
実際に6年も通うのは
本人です。
もし学校で
嫌なことがあったり
しても、
「自分が選んだ学校だ」
と思えば
踏ん張れるでしょう。
しかし、

中学受験をするということは、自分で学校を選ぶということです。自分で選んだ場所ですから、そこで少々つらいことがあっても、思い通りにいかないことがあっても、がんばろうと思えます。でも逆に、本人の意思を無視して親が選んだ学校で何か思い通りにいかないことが起きたときには、親のせいにしたくなってしまいます。それが自然です。その心のすきが、子どもの成長の機会を奪います。そしてどんな学校に行ったとしても、必ず何かしらの不都合が起こります。つまり本人の意思を無視した学校選びは、かなりの確率で子どもの成長の機会を奪います。

引用シーン—— 第7集 第63講 「十月の岐路」より

第69講

いろんな学校にそれぞれの良さがあることがわかるようになると、中学受験はますます楽しくなる。

中学受験は選択肢を広げるためにすることであって、「〇〇中学じゃなきゃダメだ」というように選択肢を狭めるためにすることではありません。最初は特定の中学校しか知らなかったとしても、中学受験を通していろいろな学校の存在を知り、それぞれの良いところがわかれば、選択肢はどんどん広がります。行きたい学校ありきで始める中学受験があってもいいですが、せっかくならば中学受験の機会に、世の中にはすてきな学校がたくさんあることを知ってほしいものです。世の中を見る視野や価値観が広がりますから。

引用シーン―― 第１集 第７講 「三月の進退」より

第70講

ほかにも良さそうな学校を
探しておくから、まかせといて。

今は本人は
第一志望に向けて
邁進することが
一番大事ですが、
親御さんの仕事は
今後迎える
本番のために、
「行かせてもいい！」と
思える学校を
広い偏差値帯で
探しておくことも
とても大事です。

ここぞと思える学校が見つかったら、基本的に本人はそのことだけを考えていればいい。偏差値が足りなくたって、そこに行くことをイメージすることが、受験勉強を乗り切る原動力になります。一方で親は、「あなたが行きたい学校に雰囲気が似てそうな学校を調べておくから、時間があったらいっしょに見に行こう」と、そのほかの学校の文化祭や体育祭や体験授業に誘ってあげてください。それらの学校がすべて第二志望です。選択肢を広げるためには、第一志望への思いを高めつつほかの学校へも視野を広げるその塩梅《あんばい》が重要です。

引用シーン―― 第5集　第43講　「八月の相談」より

第71講

どの学校も魅力的だよね。
ぜんぶ受かっちゃったら
どこに行くか迷っちゃうね。

ひとの短所ばかりを見つけて「あそこが足りない」「ここがいまいち」と文句をつけるひとよりも、ひとそれぞれの長所を見つけてほめるのが上手なひとのほうが魅力的に見えますよね。どうせならわが子にも、後者のようなひとになってほしい。学校を見るときも同じです。いろんな学校を見て、それぞれのいいところをたくさん挙げられる親子になりましょう。そうすれば、選択肢はどんどん広がりますし、何より親子にとっての中学受験がより豊かで幸せなものになります。

第72講

どんな学校に行くことになっても、
そこでしか見ることのできない**景色**を見て、
そこでしか出会えなかった**ひと**と
出会うことになる。
それが神様からの**贈り物**。

合格おめでと
桜花ゼミナール吉祥寺校の
大学
目的地
普通列車でも素晴らしい景色の目的地に着くことが可能です。
公立中・公立高から東大・旧帝大・早慶みたいな話がありますが、これですね。
真面目にコツコツできるタイプや元々地頭がいいタイプは、
目的地に確実に着くことに意味を見出しさえすれば、どのルートを取ったとしても成功するでしょう。

仮にいちばん行きたかった学校ではない学校に行くことになったとしても、そこでしか出会えなかった友達や先生と出会い、そこでしかできなかった経験を必ずするはずです。それを自分の人生に最大限に活かせれば、その学校に来たことが運命だったということになります。すなわち神様からの贈り物です。神様は、そのひとが進むべき正しい道を示すために、あえて望みを叶えないことがあるのです。ただし、ただぼーっとすごしていると、神様からの贈り物に気づけません。回り道を余儀なくされたときこそ、神様からの贈り物が届いているサイン。そこでこそ見られる景色を楽しみましょう。

引用シーン―― 第2集 第16講 「三月の慟哭」より

第73講

第二志望以下の学校に進むことになったとしても、堂々とその道を歩み、その環境を最大限に活かすことができれば、

「自ら正解をつくり出す力」が身に付く。

ところで三浦さん、
「併願校」はどちらをお考えですか？
引用シーン―― 第5集　第43講　「八月の相談」より

もともとは「正解」ではないと思っていた道を、事後的に自分の努力によって「正解」に変えることができたとしたら、それこそ「正解のない世の中」において自ら正解をつくり出す力を身に付けたことになります。いちばん行きたかった学校ではない学校に進むことになったということは、自ら正解をつくり出す力を身に付けるチャンスなのです。

第74講

第一志望の学校に行くことに
なったとしても、
理想と現実のギャップに直面する。
だから人生は面白い。

君達全員を第一志望校に合格させるためにやって来た、
黒木蔵人です。

憧れに憧れてついにつかんだ第一志望への切符。しかし実際に入ってみると幻滅することがいっぱいあるかもしれません。意外とつまらない授業が多かったり、イヤなやつと同じクラスになったりするかもしれません。「こんなはずじゃなかった」と思ったら、それは神様から与えられた、中学受験の追加の問題です。それをどう乗り越えるのかが、試されているのです。それを乗り越えたことで自分の中に残ったもの、それが神様から第一志望に合格した受験生へ遅れて届く贈り物です。まさに災い転じて福となす。だから人生は面白い。

第75講

どんな学校に行ったって
あなたならやっていける。

どこにも
受から
なかった
としても、
順は
順です…！

望みの学校に合格させることよりも、どこに行っても通用するひとに育てることのほうが、親の役割としての優先順位は高いはずです。一方で、望みの学校に入学できてその学校に強い愛着をもてたとしても、自分のアイデンティティを過剰に学校に依存するのは危険です。どんな立場にあっても「自分は自分」と言えるひとに育ってもらいたいですからね。

引用シーン―― 第４集 第32講 「七月の反駁」より

第4章　人生は後出しじゃんけん

第76講

大切な決断は**自分自身で**しなさい。
他人に決めさせたら、
いつか何かがうまくいかなくなったときに、
他人のせいにしたくなっちゃうから。

意外と
ピンときてない保護者が
多いんですよ。
「学校に通うのは
自分じゃなく子ども」
だということを。

塾選びや学校選びなど、その後の自分の居場所や生き方を左右し容易には後戻りができないような大きな決断に際しては、まわりのひとの意見を十分に聞いたうえで、最終的には自分の意思で決断する必要があります。自分で選んだことの帳尻は自分で合わせようという意欲が自然に湧いてきますが、他人の選択のせいで自分に不都合が起きたときには、目の前の困難に立ち向かう意欲が湧きづらいからです。

引用シーン―― 第7集 第63講 「十月の岐路」より

第77講

大きな選択のときこそ直感って大事だよ。

でも、二度と同じ過ちは繰り返さない──

いくら論理的に思考したところで、その前提となる情報が間違っていたり、不足していたら、結論が正しいとは言い切れません。学校選びのように不確定要素が多い大きな選択をするときほど、前提となる情報をそろえることは困難です。そのときに見えている情報だけで論理的思考をし、その結果を鵜呑みにすると、人間は理路、、、、、整然と間違えることができるのです。そこで感性の出番です。数字や文字に置き換えられる情報だけを扱う論理に対して、感性は数字や文字では表せないものを感知して反応する力です。論理的に考えると正しそうなことでも、感性が違う答えを指し示しているときには一度立ち止まる必要があります。論理では見落としている情報を感性が感じとっている可能性が高いからです。勉強すればするほど感性の大切さがわかってくるものです。

引用シーン── 第６集 第52講 「九月の蒼白」より

第78講

楽しそうだと思える方向に
進むことと、
嫌なことから逃げることは違う。

「ユニークだね」
これ、
あちらでは最上級の誉め言葉です。

思わず心躍るわくわく感は、その先にそのひとのユニークさやスペシャリティーが見つかるであろうことを教えてくれるサインです。わくわく感を追いかけているときには、他人から見れば大変に見える苦労も苦労と感じません。損得勘定よりもわくわく感を大切にすることが、そのひとらしい人生をおくる秘訣ではないかと思います。しかし、嫌なことから一時的に逃れて楽になることと、楽しそうだと思える方向に進むことは、似て非なることです。その道を進むことによって、ますますわくわく感が強まっていくか、虚しさが湧いてくるかによって、二つの違いを峻別することができます。その違いがわかるひとになってほしいですよね。

引用シーン―― 第4集 第35講「七月の勧誘」より

第79講

自分ができると思っていることを
「無理」だと言うひとがいても、
それはまったく気にしなくていい。

「ジャイアントキリング」
成しえそうな生徒が一人います。
ヒントはこれまで見てきた中にすべてありますよ。
えっ!?

ただ「やりたい」「なりたい」と思っていることが実現できるかどうかはわかりません。でも「自分にはできる」という感覚があるのなら、それはほとんどの場合、不可能なことではありません。人間は本当にできそうもないことは「できる」とすら思わないですから。むしろ「できそうもないな」と思っていることが、やってみたらできてしまうことのほうが多いはずです。

第80講

「あなたのため」と、何かを押しつけてくるひとには気をつけなさい。

誰かのためを思う気持ちは尊いものです。でも、当人の意思を無視して気持ちを押しつけることは間違いです。当人よりも自分のほうがそのひとの人生の「正解」を知っているという思い上がった発想ですから。逆にいえば、「あなたのため」と言うひとは、「あなた」の価値観や判断力をみくびっているのです。親として最も肝に銘じておきたいことですね。

引用シーン―― 第2集 第16講 「三月の慟哭」より

第81講

一度決めたことを貫くのも大事、
途中で方針転換できることも大事。
でもいちばん大事なのは、どちらにしても
自分で決めること。

ずっと憧れだった第一志望校西洋西部女学院。
偏差値が20も足りなくてその差をなんとか埋めようと足掻いた2年間だった。
けど…素人の私ですらさすがにわかる。
最初の思いを貫くことも大事だけど、
そろそろ、
現実を受け止めなければならない。

人生においては、初志貫徹と臨機応変の両方の態度が必要ですが、どの場面でどちらが正解かはわかりません。でも自分で考えて選択しそれを正解にするための努力を続ける限り、選んだ道が遠回りになることはあっても不正解になることはありません。イソップ物語の「ロバを担いだ親子」の寓話が伝える教訓は、「自分で決めなさい」ということでしたよね。

引用シーン―― 第6集 第55講「九月の三人」より

第82講

迷いが生じたら、肩の力を抜いて、
お尻の穴をキュッと締めてごらん。
自分がどの道を選ぶべきか
自然にわかるから。

できる限りの情報を収集してどんなに冷静な頭で論理的に考えても〝正解〟がわからない選択を迫られる機会が、人生にはたびたびやって来ます。中学受験でも何度か経験するはずです。そんなとき必要なのは、論理だけに頼るのではなく、最終的には自分でも気づいていない自分の本心に問いかけることです。でもこれが意外と難しい。コツは、理屈を脇に置いてリラックスしたとき、自分が何を望むのかを自分自身で観察することです。どうやってそういう状態をつくればいいか。子どもには、「肩の力を抜いて、お尻の穴をキュッと締めた状態で、自分の素直な気持ちを言ってごらん」とアドバイスするとわかりやすいかもしれません。そうすれば、自分の軸をしっかり保ちながら、自分の心のおもむく方向が見えてきます。これは自分らしい人生を選択していくための必須の術《すべ》です。

引用シーン――　第2集　第11講　「三月のリスタート」より

第83講

決断のあと、それを**活かす努力**を
どれだけできるかで
その**決断の価値**は変わる。
つまり人生における「決断」の良し悪しは、
決断したあとに決まる。

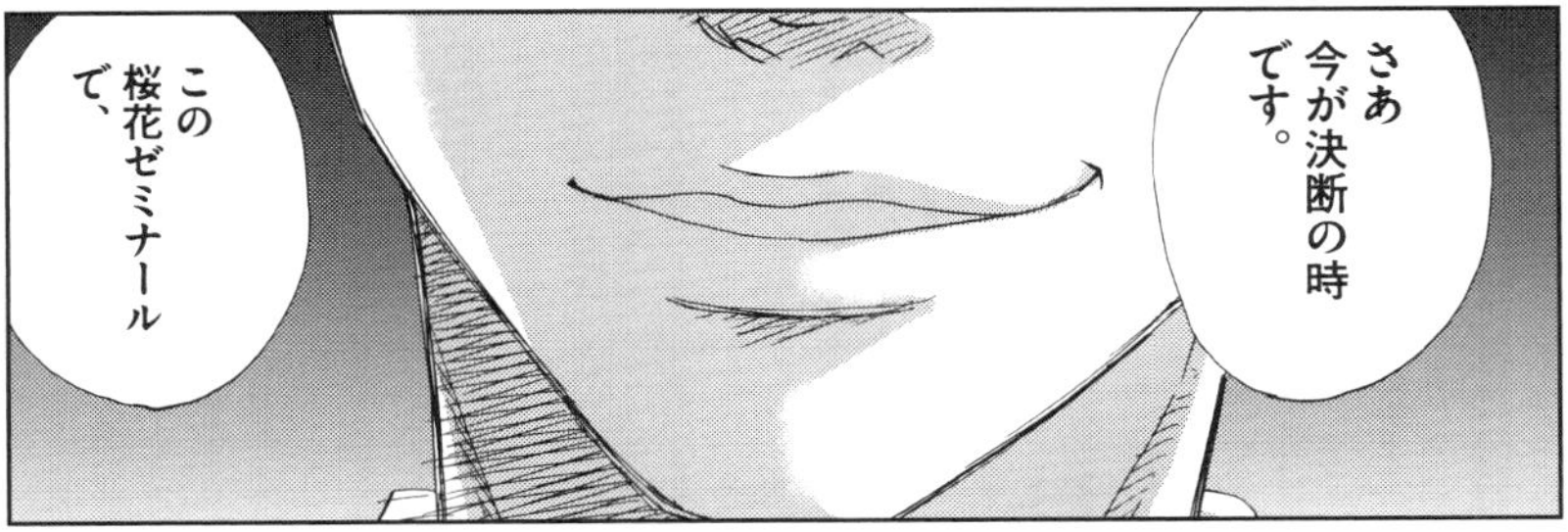
さあ
今が決断の時
です。
この
桜花ゼミナール
で、

絶対にここがいちばんいい学校だと思って選んだ第一志望に進学できたとしても、そこで努力を怠ったらその道を選んで失敗だったことになってしまいます。逆に、いちばん行きたかった学校ではないところに進学することになっても、そこでこそ得られる経験から最大限に学べば、その道が正解だったことになります。つまり人生の決断においては、どんなに情報を集めてどんなに論理的に考えても、決断した時点ではその良し悪しはわからない。決断の良し悪しは、決断したあとの努力によって事後的に決定するのです。これが人生の鉄則であることは、中学受験という機会にぜひ子どもに教えてあげたいことです。

引用シーン―― 第1集 第3講 「二月の決断」より

第84講

自分の人生のいかなることも
他人のせいにはできない。
それを受け入れられたとき、
ひとは本当に自由になれる。

そーいうの知ってる限りでは見たことないなあ。
基本、自分と他人を比べないんだよね。だからかな〜

自由とは、自分よりも強い権限をもっているひとから大きな許可を与えてもらうことではありません。自由とは、誰のせいにもできないこと。そのスリルが心地よいと感じられること。自由とは、「キミは何を感じているんだ？」「キミは何を考えているんだ？」「キミはどうしたいんだ？」「キミは何者なんだ？」と常に問われている状態。つまり、無限の問いの集合体です。自由とは、世界との向き合い方を自分自身で決めるということ。世間の評判にとらわれたりひとと比べたりするのではなく、何が大事かを、自分でつくったモノサシで決めること。中学受験をはじめとするさまざまな経験に基づいて自分オリジナルのモノサシが得られれば、人生を自由に生きる術を得たも同然。そのモノサシにおいて1日1ミリでも前進することを怠らなければ、ひとは自由に生き続けられるのです。

第85講

中学受験なんてそもそも
やらなくていいことだし、
たかだか12歳の受験で人生が
決まるわけじゃない。それでも
がんばること自体が尊いこと。

「目指してみなければ
わからない」
だなんて…
中学受験
って、
怖いな
…

中学受験なんてまさに不要不急のイベントです。また、そこでどんな結果が出たって、それ自体は長い人生においては実はさほど重要ではありません。しなくてもどうってことのないことに一生懸命になり、そのなかで自分でも信じられないほどの成長を経験すること自体が尊いのです。どうせ生まれて死ぬだけの人生なのに、一生懸命生きちゃうのが人間の性《さが》なのです。

引用シーン―― 第6集 第47講 「八月の内幕」より

第86講

報われるとわかっていて
やる努力は
ただの損得勘定。

小学生がその六年間のうちの半分、三年間も費やして勉強に励む。
その大きな「無理」に見合った結果を出すのが僕たちの使命です。

中学受験に取り組む親子が「こんなに勉強して本当に報われるんだろうか」と思うのは自然なことです。でも、報われるとわかっているからできる努力とは、要するに損得勘定に基づく努力です。中学受験を通じて、損得勘定を超えた経験ができるかどうか。それが親子にとっての中学受験を、「大変だったけれど良い経験」として心に刻むか、「〝いい学校〟に行くために仕方なくした苦行」として記憶するかの違いになります。

第87講

「住めば都」と思えるひとは世界中どこへ行ってもやっていける。

ぱあっ
一週間後に第二志望から繰り上がり合格の連絡が来て！
それが今通ってる学校なの！

「住めば都」というのは、本人の心持ち次第でどんなところでも自分にとっての「都」にすることができるという意味です。それこそ「正解」のない時代に、自分にとっての「正解」を事後的につくり出す力です。仮に第一志望以外に進むことになったとしても、そこを「都」にすることができたのなら、自分にとっての正解を事後的につくり出す力を身に付けたことになります。それなら、これからの時代、世界中どこへ行っても怖くありません。

中学受験では目標を定めてがんばることも大事ですが、一方で、どこに行くことになったってそこを自分にとっての「都」にするんだという心持ちも育んでほしいものです。

第88講

不合格通知は、新しい可能性が開いた知らせ。

辞めたあの子は、
今どうしてる?

現実問題として、中学入試では不合格を突きつけられることがあるかもしれません。長い長い道のりの果てに立っていた「行き止まり」の標識のように。その瞬間は愕然とするでしょう。でもそれは悪いこととは限りません。いつまでも行き止まりの道の前で突っ伏すのではなく、そこで視野を広げれば、いままで気づいていなかった別の魅力的な道の存在に気づくはずです。不合格通知とは、新しい可能性の幕開けを告げる知らせなのです。

引用シーン―― 第1集 第1講「二月の挑戦」より

第89講

がんばったからといって
報われるとは限らない中学受験に全力で
立ち向かったチャレンジ精神は、
結果がどうであれ、
一生の財産になる。

難度の高いことに挑戦し、結果がどうであれ、自分で決めたことをがむしゃらにがんばるそのプロセス自体に意味があることに12歳の時点で気づけたのなら、それがおそらく中学受験を通した最大の学びです。人生は結果ではなくプロセスの連続なんだとわかっていれば、人生のどんな局面においてもくじけることがなくなりますし、この世に存在する無数の人生の一つ一つに敬意を払えるひとになるはずです。それはまさに一生の財産です。

引用シーン―― 第3集 第23講「五月の出会い」より

第90講

私立の**中高一貫校**に通える
状況にある子どもは実はものすごく少ない。
その恵まれた環境から受けた
恩恵を独り占めしてはいけない。

そういえば東大生の家庭って年収950万以上が6割ってデータあるよね。
そうだねー体感としてそれはあったかな。
中学受験して私立ってやつは本当に多かったしね。

家から通える範囲に行きたいと思える私立中高一貫校があり、実際にそこに通わせるだけの経済力が家庭にあり、そこに合格するに十分な学力があるというだけで、ものすごくラッキーなことです。ただし念のために付け加えておきますが、経済力のある親元に生まれ育ったことがラッキーなのではありません。経済的に余裕をもつことができたラッキーなひとたちが築いた家庭に生まれ育ったことがラッキーなのです。何が言いたいか。わが子に中学受験をさせられるということも、親の実力なんかじゃないということを、親こそわきまえなければ始まらないということです。

引用シーン―― 第6集 第48講 「八月の新人」より

第91講

恵まれた環境に生まれたのなら、
その恵まれた環境を最大限に活かして将来
世の中の役に立つことが、
恵まれたひとの使命
だと思う。

ここで星を拾っては投げているんです。

恵まれた家庭環境に生まれ育ったというういわば運によって得た力を自分の実力だと勘違いして自分のためだけに使うのなら、それはひととして浅ましい。恵まれた環境の中で得た力を世の中に還元するのが恵まれた者の使命であり責任です。恵まれているからこそ、その環境を無駄にしてはいけないのです。わが子に中学受験という経験をさせるなら、必ずそのことを伝えてほしいと思います。

引用シーン―― 第4集 第36講 「七月の秘密」より

第92講

あなた自身の努力がなければ
合格はできなかった。
あなたにはどうにもできない
でも一方で、
幸運が重ならなければやはり
合格はなかったはずなんだ。

中学受験ができる環境に生まれ育ったということは、いってしまえばほとんど運です。さらに、出身家庭の経済力がそのまま学力の差や将来の年収にも相関してしまうことが知られているように、自分の努力によって培ったかのように見える学力だって、恵まれた条件がさまざまに重なって得られたものです。つまり授かり物です。ですから、それをどのように使うかは、本来自分で勝手に決めてよいものではないのです。中学受験を終えた直後の12歳にそれを理解しろというのはちょっと酷ですが、中高の6年間のうちには気づいてほしいですね。

引用シーン―― 第6集　第47講　「八月の内幕」より

第93講

もう一度テストをすれば
おそらく数十人は合格が入れ替わる。

「自分は天才」とでも思ってるのか?
前哨戦である一月地方入試で『灘』に合格したから?
『ラ・サール』が『渋幕』が受かったから?
カン違いも甚《はなは》だしい。
PHOENIX
atré

仮に自分は第一志望に進めることになったとしても、塾や学校の友達にはそうでなかったひともいっぱいいるはずです。第一志望に進めるかそうでないかは本当に紙一重。第一志望に合格した子どもたちだって、何かがちょっと違っただけで不合格になっていたかもしれないのですから、その現実はしっかりと胸に焼き付けてほしいものです。第一志望以外に進むことになった多くの子どもたちはもちろん、第一志望に進むことになった子どもたちにも、中学受験の締めくくりとして、少しでも「ほろ苦さ」を知ってほしいと私は思います。それは決して悪いものではなくて、大人になるにつれてわかってくる、人生の味わいの一部ですから。

引用シーン―― 第1集 第1講「二月の挑戦」より

第94講

入試で不合格になったり
仕事で失敗したりするのを
自己責任と言うのは違うよね。

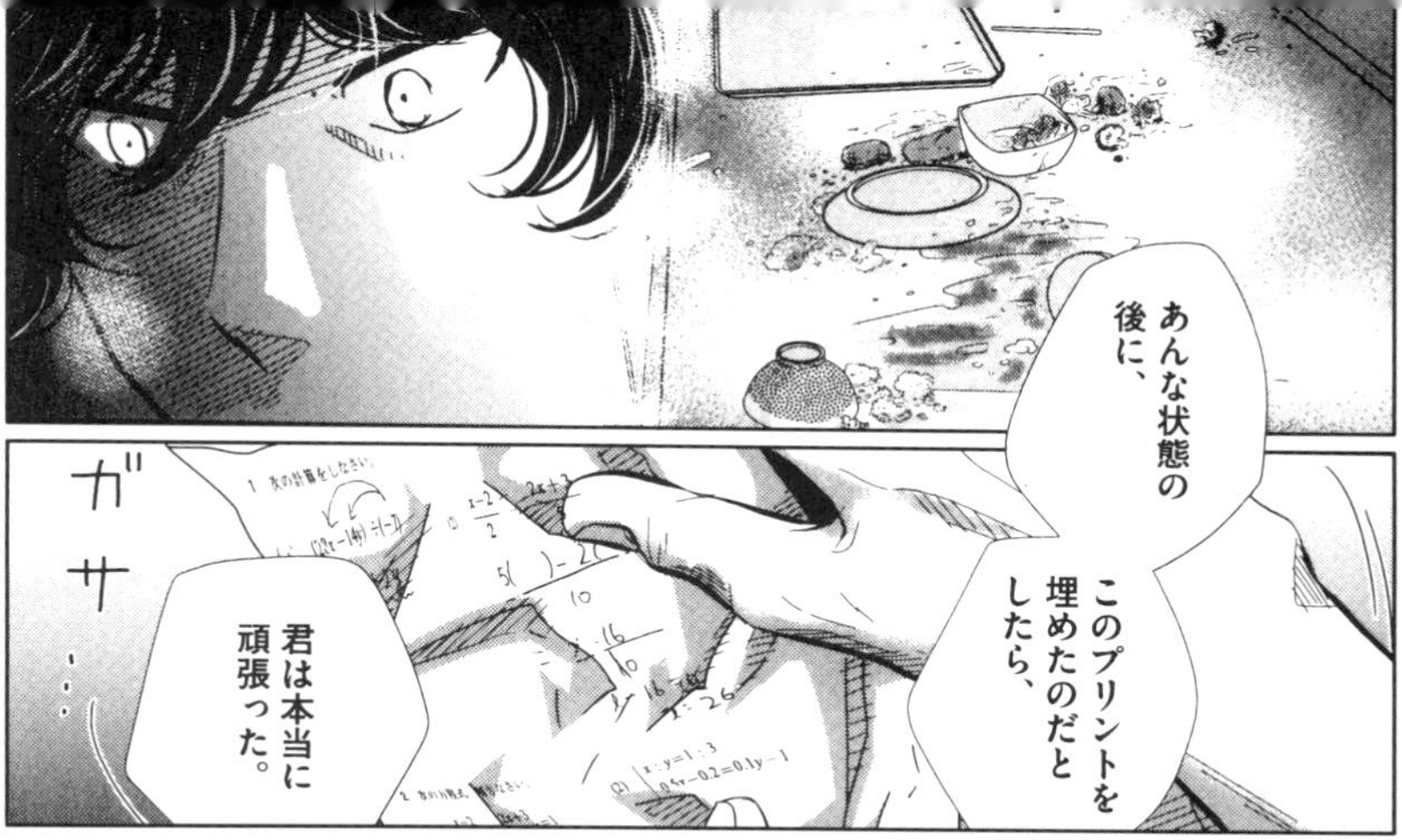

塾で「その1点が合否を分けるんだぞ」と何度も脅されたように、実際、合否のボーダーラインの前後にはたった数点の違いの受験生が並んでいます。学力的な差はほとんどなく、たまたま得意な分野から出題されたり、たまたま計算ミスをしたりしたことが合否を分けているだけです。もう一度テストをすれば、おそらくボーダーライン上の多くの受験生の結果が入れ替わります。紙一重で合格できるか不合格になるかは、ほとんど運です。その結果を自己責任だなんて言っていいはずがありません。中学入試だけでなく、世の中にはそういうことがたくさんあることを、中学受験という機会に知ってもらうことも大切です。

第95講

中学受験という経験を通して
「自ら正解をつくり出す力」と
「恵まれた者の使命」が備わったのなら、
敵がいなくなるという意味で
「無敵」になれる。

そうか——
じゃあ、例の
「あの子」の
ことにも
生かせそうか?
はい。
それは
何よりだね。

正解がわからない状況や正解がない状況でも自ら正解をつくり出すことができて、しかも、自分が得た力を惜しみなく他人のために使うことができるようになれば「無敵」です。これからの時代がどんな時代になったとしても必ず生きていけるでしょう。敵がいなくなるという意味での「無敵」です。

引用シーン—— 第3集 第24講 「五月の回答」より

第96講

あとになって、
「あのときもっと
こうしていれば……」と
思うことがあるのなら、
それも中学受験という経験によって
得られた**宝物**の一つだよ。

勇人に
どんな敵でもラスボスでも
倒せるクソつええ武器
持たせたいんだよ。
そのため
なら、
課金ゲー
上等!!

100％思い通りの中学受験なんてなかなかありません。あのときもっとこうしていれば結果が違ったかも……とつい思ってしまうことがあるでしょう。過去の自分を呪いたくなることも一つや二つあるはずです。親にも子にも。でもそれが人生。100％思い通りになる人生なんて面白くもなんともないですから。何らかのプロセスにおいてやり残した課題はそれ自体が宝物です。しっかり心に刻んでその後の人生に活かしましょう。

引用シーン―― 第2集 第15講 「三月の不一致」より

第97講

人生に無駄な時間なんてない。

「伸びしろ」しかないじゃん…！

何もしなかった時間、何もできなかった日々、ただ逃げていたころ……あの時間をもっと有効に使っていればと嘆きたくなることは誰にでもあります。でもそうやって強烈な印象が心に残っているということは、その時間に対する反省のうえにその後の人生を歩んでいるということです。それがいまの自分の奥行きになっているはずです。その無駄な時間がなかったら、やっぱりいまの自分はないのです。無駄な時間の意味は、あとからじわじわわかってくるもの。そのくり返しが人生です。

引用シーン―― 第7集 第61講 「九月の落着」より

第98講

人生は後出しじゃんけん上等。

返事
ありがとう。
一歩前に
進めたね。
俺も
そろそろ
仕掛けるよ。
必ず、
流れを
変えて
みせる。

中学受験は、12歳の子どもにとってほぼ初めて、自分の努力によって自分の進むべき道を切り開くという経験でしょう。でも人生はそんなことの連続です。中学受験に一応の結果が出るのと同じように、人生にもときどき一応の結果が出ます。でもその結果は人生の一瞬の状態を写した1枚の写真にすぎません。そこにどんな解釈を付け加えるかは、常にそのあとの生き方が決めます。人生は後出しじゃんけん上等です。

引用シーン―― 第1集 第7講「三月の進退」より

第99講

せっかくの中学受験という機会を通して、
いろいろ伝えてきたけれど、
ピンとこなかったことも多いでしょう。
でもきっと**腑に落ちる**
日がくるよ。

本書に書かれていることの多くは、大人にとってもすぐに腑に落ちるものではないかもしれません。子どもの中学受験を通してこれらのことに気づく親も多いのです。ましてや12歳の子どもが、これらのことをいますぐに理解する必要はありません。おそらく無理です。でもいつか、自分が中学受験をした意味がはっきりとわかる日が、子どもにもくるのです。中学受験の結果進むことになった学校を卒業して、さらに10年あるいは20年以上たったころだと思います。塾の勉強や偏差値や結果など表面的なことだけにとらわれず、さらにその奥にある意味に気づければ、中学受験はとてつもない人生勉強の機会になるのです。

引用シーン—— 第3集 第24講 「五月の回答」より

第100講

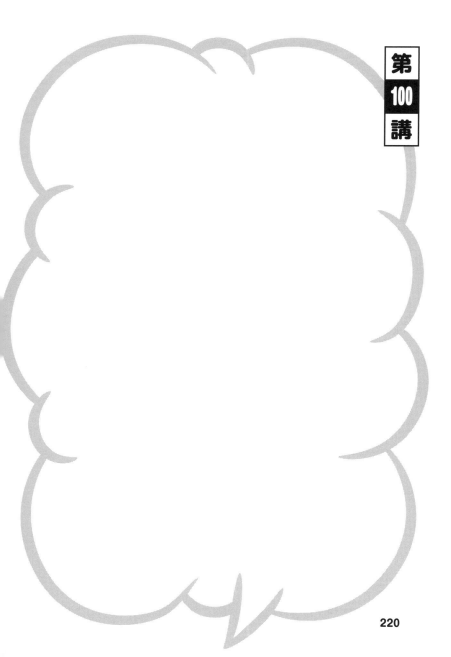

私も、
ここにいる
みんなを
笑顔にしたい、
そのために、
私は
強くなる。

中学受験を終えたとき、お子さんにどんな言葉をかけますか。小4の親御さんは小4時点で、小5の親御さんは小5時点で、小6の親御さんもその時点で、考えてみてください。おそらく考えるたびに思い浮かぶメッセージは変わります。それは中学受験を通して、親自身が成長している証拠です。そして本当に中学受験が終わったときに、実際にどんな言葉をかけることになるのかは、そのときになってみないとわかりません。でも、わが家の中学受験というドラマにどんな結末が待っていようとも最後は必ず家族全員が笑顔でいることをイメージしてください。それさえできれば、本当にそうなりますから。

中学受験に挑むすべての親子へ。必笑！

引用シーン—— 第1集 第7講 「三月の進退」より

おわりに

種明かしをすると、中学受験生の親が子に伝えるべきメッセージを具体的な言葉にして1冊の本にまとめるという構想は、もともと私の中にありました。

2012年の拙著『中学受験という選択』(日本経済新聞出版)の考え方を、より具体的なメッセージとしてまとめたのが2018年の『中学受験「必笑法」』(中央公論新社)でした。それをさらに具体的なフレーズにまとめようと考え、実際に100の言葉を準備していました。

そこに『二月の勝者』とのコラボの話が湧き上がり、本書となりました。結果的に、中学受験のリアルなシーンを描いた漫画のコマに、その状況にぴったりの言葉を合わせることができ、大きな相乗効果が生まれたと思います。

それぞれの言葉に合うコマを探して何度もコミックをめくるなか

引用シーン—— 第1集 第7講「三月の進退」より

で何より驚きだったのは、予定調和かと思えるくらいに、100の言葉と漫画のメッセージがピタリと一致していたことです。主人公・黒木蔵人の願い、佐倉麻衣の迷い、そして作者の高瀬志帆さんが各登場人物に寄せる思いと、自分自身の中学受験観がシンクロしていくのを感じました。

私の中での本書の裏タイトルは、『二月の笑者』です。

いままさに中学受験の荒波にもまれている親子にとってはきれいごとに思える考え方も多かったかと思いますが、私も黒木も佐倉も高瀬さんも、心の底からの信念を伝えようとしていることを、いずれご理解いただけるのではないかと思います。中学受験も終盤になったころ、あるいは中学受験が終わったころに、「あっ、そういうことだったのか！」と思い出していただければ著者として幸甚です。

中学受験に関わるすべてのひとに、心からのエールを送ります。

2020年6月　おおたとしまさ

おおたとしまさ

1973年東京生まれ。育児・教育ジャーナリスト。麻布中学・高校卒業。東京外国語大学英米語学科中退。上智大学英語学科卒業。リクルートを脱サラ独立後、育児・教育をテーマに取材・執筆・講演・メディア出演などを行う。著書は計60冊以上。

中学受験生に伝えたい
勉強よりも大切な100の言葉

2020年 7月 5日 初版第1刷発行
2021年10月 3日 　　第4刷発行

著者　おおたとしまさ

装画・挿絵　高瀬志帆
装幀・組版　近田火日輝（fireworks.vc）
『二月の勝者』ロゴデザイン　黒木香＋ベイブリッジスタジオ
編集　白石正明

発行人　杉本隆
発行所　株式会社 小学館
〒101-8001 東京都千代田区一ツ橋2-3-1
電話　編集　03-3230-5683
販売　03-5281-3555
印刷　凸版印刷株式会社
製本　株式会社若林製本工場

　ISBN 978-4-09-388779-3

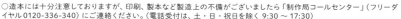